认知视域下的英语轻动词短语结构研究

张丽娇　张悦琪　张　坤　著

哈尔滨

图书在版编目（CIP）数据

认知视域下的英语轻动词短语结构研究 / 张丽娇，张悦琪，张坤著. -- 哈尔滨 : 黑龙江大学出版社，2024.4（2025.3 重印）
ISBN 978-7-5686-1111-4

Ⅰ. ①认… Ⅱ. ①张… ②张… ③张… Ⅲ. ①英语－名词－研究 Ⅳ. ① H314.2

中国国家版本馆 CIP 数据核字（2024）第 030631 号

认知视域下的英语轻动词短语结构研究
RENZHI SHIYU XIA DE YINGYU QINGDONGCI DUANYU JIEGOU YANJIU
张丽娇　张悦琪　张　坤　著

责任编辑　王瑞琦
出版发行　黑龙江大学出版社
地　　址　哈尔滨市南岗区学府三道街 36 号
印　　刷　三河市金兆印刷装订有限公司
开　　本　720 毫米 ×1000 毫米　1/16
印　　张　13
字　　数　226 千
版　　次　2024 年 4 月第 1 版
印　　次　2025 年 3 月第 2 次印刷
书　　号　ISBN 978-7-5686-1111-4
定　　价　52.00 元

本书如有印装错误请与本社联系更换，联系电话：0451-86608666。

前　言

小时候写作文时，我总喜欢找机会写"时光荏苒"，仿佛用了这个词，我那不堪一提的十来年经历就变得浓稠厚实了似的，正应了"少年不识愁滋味""为赋新词强说愁"。而今，我已年近半百，提起笔来，由衷地想写下"时光荏苒"——转眼我已从教二十余年。教师是一个神奇的职业，虽为人师，却也不是一直、一味地进行知识输出，而是有教有学、边教边学、教学相长。

英语轻动词短语结构研究这一选题，源于某秋日下午，我与我的第一个外国语言学及应用语言学硕士生张悦琪闲谈时，她的一句"老师，你说 have a look 是可以的，为什么 have a see 就不可以？"。我这个人有时候会有一点"急才"，就是在面对学生提问时，会下意识地快速给一个解释，这是长期做教师应对学生提问练就出来的"本事"，好处是应对及时，坏处就是"不求甚解"——乍听有道理，却经不得推敲。很庆幸的是，当时正值悦琪选题，我没有用"急才"把这个问题"糊弄"过去，而是很认真地、系统地对这一语法结构进行了文献研究和语料收集，从而为英语轻动词短语结构研究拉开序幕。

英语轻动词短语结构解读有两个要点：一是该结构对动转名词的限制，二是轻动词本身对该结构的影响。动词转化为名词，从形态学角度来看，是通过零派生过程得到新词，从句法学角度来看，是由词类转换带来的句法功能变化，而从认知语言学角度来看，是"侧面-基体"的选择和转换过程。轻动词中的"轻"指语义含量少，虽然有研究将轻动词称为"空动词"，但是，从语料观察来看，轻动词的语义含量并非"真空"，相反，轻动词会有不同程度的语义残留，例如 have a N(v) 中 have 的"所有"意，以及 give a N(v) 中 give 的双及物意义。轻动词本身对结构的影响主要体现在"行为链"中能量传递的模式上。本书选择 have a N(v) 作为"侧面-基体"研究的分析对象，并不是因为其他轻动词短语不存在类似现象，而是因为 have a N(v) 是最常用的轻动词短语，进入该结构的动转名词的类型多，且该结构的使用频率高，具有概括性和代表性。实际上，能够进入该结构的动转名词大多可以进入其他轻动词短语结构中。选择 give a N(v)做“行为链”分析,是因为轻动词 give 的实词语义的残留浓度高,对轻动词短语结构造成的影响大。对 give a N(v)的“行为链”分析可推及其他实词语义残留浓度较高的轻动词短语,如 take a N(v)等。

本书内容由绪论、主体研究、结论构成。绪论部分介绍本书研究的基本背景、思路、结构等内容;结论部分主要呈现研究发现,即动转名词的限制条件、轻动词短语的结构形式和概念语义的生成机制等。本书主体内容包括三部分:第一部分是文献梳理,介绍英语轻动词概况和轻动词短语中的动转名词现象;第二部分以 have a N(v)为分析主体,探究轻动词短语结构中动转名词的“侧面-基体”变化过程和认知机制;第三部分以 give a N(v)为分析主体,进行“行为链”分析,解读轻动词短语中的能量传递模式与认知形成机制。

本书为“2019 年度黑龙江省哲学社会科学研究规划项目”《英语轻动词短语结构研究》(项目批准号:19YYE302)的最终成果。感谢项目管理单位对本书的资助。同时,本书也是“2018 年青年骨干教师出国研修项目”的研究成果之一,感谢国家留学基金管理委员会资助本人赴美访学,完成项目研究。

此书由本人主笔,have a N(v)部分与张悦琪合作,give a N(v)部分与张坤合作。限于水平,书中难免有不足之处,敬请广大读者朋友批评指正!

张丽娇

2023 年 11 月于哈尔滨

目　　录

绪　论

一、选题背景

英语轻动词短语结构,即 V_{light} a N(v),是一个非常有趣的表达形式,英语母语者倾向于将之视为固定结构,以语块的形式储存和使用。实际上,诸如 have a walk、take a rest、give a glance 等轻动词短语由于高频率使用已经逐渐习语化。研究表明,这些表达形式是英语母语者在儿童时期最早习得的语法形式之一,非英语母语者也能够将其视为固定搭配而较早习得,且能够不犯错误地高频使用。然而,轻动词短语结构,除却习语化的固定搭配,仍具有很强的生成能力,换言之,"创新性"——仍然有一定数目的动词可以进入轻动词短语结构,以动词转名词的形式成为谓语成分之一,并且在谓语中贡献主要语义内容。英语母语者对该结构已经形成规则直觉,对于让哪些动词进入该结构驾轻就熟,鲜少犯错。然而,对于非英语母语者来说,尤其是对于二语学习者来说,自主生成具有新语义内容的轻动词短语仍有一定难度。调研数据表明,学习者的疑问主要集中在以下几个方面:

①轻动词的语义是什么?例如:give a talk 中 give 的意思是什么?have a walk 的汉语译文(散散步)为什么没有译出 have 的语义?

②什么样的动词可以进入轻动词短语结构?为什么可以说 have a look 却不可以说 have a see?为什么可以说 give a talk 却不可以说 give a say?

③为什么进入轻动词短语结构之后,抽象名词可以用不定冠词 a(n)限定?为什么不可以用复数形式或者零冠词形式,例如 give sb. some talks 或者 have shower?

问题①实际上涉及轻动词的性质:轻动词的"轻"是什么意思,什么"轻"了?轻动词还是不是实义动词/内容动词(content verb)/词汇词(lexical verb)?如果是,那么为什么它在谓语成分中贡献的语义量变少,以至于轻动词不显著的语言译文如汉语译文将其省略,转而选择轻动词短语结构中的动转名词作为译文中的谓语动词?问题②涉及对进入轻动词短语结构的动词的语义类型的限制,这里的"语义类型"并非指具体词语的细节性词义内容,而是涉及动作类型,似乎轻动词短语结构对于动作类型有一定选择——会排斥掉不符合其语法结构语义要求的动词。母语者深谙此道,鲜少犯错,非母语者,尤其是初学者,犯错频率较高,这可能是初学者对于词汇语义以及语法结构语义理解的层次较浅的缘故。因此,对于轻动词短语结构的考察,在一定程度上可以用于评判学习者的词汇水平。问题③涉及人们对于动词和名词的认知问题。不定冠词是这类轻动词短语结构的固定成分,即使轻动词换了,不定冠词也不会换,不定冠词在这个结构中具有很强的建构功能,其存在意义有可能是“处理”动词转换为名词后带来的某些“后遗症”,换言之,不定冠词的功能很可能是稳定该短语结构或者使由动词转换而来的名词更加符合人们对名词的认知。上述分析在以往的文献中有零星提及,但系统的语料分析和理论概括仍然缺失。为获得语法研究的描写充分性和解释充分性,相对统一的理论视角和较为完整的理论分析亟待出现。

二、研究对象

本书以英语轻动词短语结构“轻动词+不定冠词+名词”(其中名词由动词转化而来)为研究对象,该结构在本书中写作 V_{light} a N(v)①,具体见下例:

(1) He ***had a walk*** with his brother last night.

(2) She * ***had a book*** with nice pictures.

根据本书定义,例(1)中 had a walk 符合轻动词短语定义,have 是轻动词,walk 是由动词转化而来的名词,在谓语成分中贡献主要语义内容,本句意义在于 walk(散步),而非 have(拥有)。换言之,本句描述了一个“散步事件”(他昨晚与兄弟散步了),而不是“拥有事件”。相比之下,例(2)不符合本书中对英语轻动词短语结构的定义,在该句中,have 是实义动词,表“拥有”,贡献全部谓语动词语义,book 是表实体的普通名词,不定冠词不是结构中固有的,而是跟随 book 而来的。该句描述了一个“拥有事件”(an event of having something),而不

① 严格来讲,应该写作 V_{light} a(n) N(v),用来说明不定冠词的形态变化,本书没有采用这一形式,一是因为动转名词中以元音开头的词项较少,二是为了区分和凸显 N(v)。a(n)这一写法的含义是“n 或许有/或许没有”,而 N(v)这一写法是要说明 N 由 v 转化而来,N 代表的是名词词类,v 代表的是某些在限制条件下可以转化为名词而进入轻动词短语结构的中动词,由于该类动词数量不多,不具有普遍性,因而用 v 而没有用 V 来表示。为避免出现理解上的混乱,本书最终采用 V_{light} a N(v)来表示英语轻动词短语结构。

是“一本书事件”,book 是事件的参与者而非事件本身。常见的英语轻动词短语包括 have a N(v)、give a N(v)、take a N(v)等,本书选择 have a N(v)和 give a N(v)为分析对象,主要原因是考虑到轻动词虽然失去大部分实义动词内容,但残存意义仍对进入该结构的动词有语义挑选(semantic selection)作用。have 表心理状态,give 表动作状态,二者的相似点在于允许进入该结构的动词必须与其共享一个施事,如 have/give a look 中 look 与 have/give 的施事一致,不同点在于 have 和 give 之间的语义差别及在施事的主观能动性上的差别——表心理状态的在主观能动性上要比表动作状态的弱。虽然同为“轻动词”,但残留的原词义仍然对整个短语结构的语义产生细微影响。

三、研究目的

本书研究的总体目的包括以下方面:1. 从认知语言学角度解释轻动词短语结构对于进入该结构中的动词的语义选择和限制;2. 解释轻动词短语结构的构成和语义生成机制的认知机制。实现上述研究目的需要找出以下研究问题的答案:

(1)进入 have a N(v)、give a N(v)的动词语义类有哪些?

(2)have a N(v)结构中不同语义的动转名词的“侧面-基体”是什么?有何共性和差异?

(3)轻动词短语中不定冠词的功能是什么?

(4)包含不同语义类动转名词的 give a N(v)结构的行为链如何细化?

(5)轻动词短语的生成机制是什么?

(6)轻动词短语语义的生成机制是什么?

研究问题(1)是研究问题(2)(4)的基础,与研究问题(3)共同实现研究目的 1;研究问题(5)(6)是基于前面 4 个研究问题的理论假设,分别实现研究目的 2。[①] 支撑第 1 个研究目的的理论分析框架是“侧面-基体”理论,通过分析进入轻动词短语结构的动转名词的“侧面-基体”转换,找出动转名词的限制条件。

① 研究问题(1)中,进入 have a N(v)的动词语义类见第三章,进入 give a N(v)的动词语义类见第六章。研究问题(2)见第四章。研究问题(4)见第七章(第三节)。研究问题(3)见第五章。研究问题(5)(6)见第八章、结论。

have a N(v)是最常见的英语轻动词短语结构，进入该结构的动转名词类型多，该结构的使用频率高，具有代表性，因此，本书选择这一结构作为"侧面-基体"分析对象，以求分析结果具有代表性，可以用来类推其他轻动词短语结构。支撑第 2 个研究目的的理论分析框架是行为链理论，通过分析轻动词短语结构中能量的传递模型和传递模式，找出该结构和语义形成的认知机制。由于 give a N(v)受轻动词 give 的残留语义的影响较大(give 有双及物结构)，更适合讨论能量传递问题，本书选择这一结构作为行为链分析对象。本书结构上，第二篇中的"侧面-基体"分析和第三篇中的行为链分析分别对应研究目的 1 和研究目的 2。

四、研究方法

本书研究总体上采用了归纳与演绎相结合的研究思路。首先，收集语料，通过分类，归纳集中特性。然后，在此基础上，选择合适的理论作为语料分析工具。最后，根据理论模型以及分析原理和机制，对语料进行分析，得出理论概述。综合性研究方法的优势是既根植于实证数据又包含理论推演，避免了调查研究的普遍缺点——单纯罗列数据，也避免了理论推演的缺点——主观反思过多而分析内容中的语料类型有限。本书主要采用 BNC[①] 中的语料，利用"穷尽检索[②]+遴选去除[③]"的方法，在保证语料类型数量的同时，也能直观地观察到频率差别。需要说明的是，BNC 中的语料主要用来分析轻动词短语结构的句法搭配以及进入轻动词短语结构的动转名词的语义分类，这主要是考虑到该语料库可提供的语料数量庞大，虽然不能保证"穷尽"，但至少覆盖范围足够大，基本能够保证不缺失典型例子。当然，本书研究不是严格的语料库研究，分析的例句也有其他语料来源如字典等。为保证例句在版权等方面符合要求，本书在尽量保证例句结构和语义合理的前提下，对其中的措辞做了一定修改和

① BNC(British National Corpus，英国国家语料库)(http://www.natcorp.ox.ac.uk/)是一个 1 亿词的包括书面和口头语言样本的集合，语料来源广泛、多样，旨在代表 20 世纪后期的英国英语口语和书面语的广泛领域。最新版本是 2007 年发布的 BNC XML 版本。

② 采用 BNC 通用赋码集。

③ 语料判断步骤主要包括检索者遴选和项目组集体遴选，遇到有争议的语料时采取"专家判断+字典第一个词性标记"的判断方式来决定语料。

调整。

本书研究本质上依托“推理+实证”的研究思路,“推理”指的是分析理论,“实证”指的是用语料来源以及语义分类进行证明。本书研究从本质上讲是质性研究,书中出现的数字报告主要涉及语言现象的出现频率,用来佐证语言现象的使用频率,仅供研究者和读者参考。数字报告可能会对相关解释和假设有一定参考意义,但并不对理论推演起作用。

本书采用认知语言学视角。分析视角是 Langacker 的认知语法理论体系,包括概念语义学的系统观点:概念内容与识解(侧面-基体)、概念原型(行为链)。推测视角是仿拟(语法结构仿拟)和概念整合(语义概念整合)。从分析视角出发,本书归纳出所用语料的基本特征和特点,针对这些基本特征和特点,本书从推测视角出发,对其性质进行理论概括,从而使本书研究不仅仅包括语料分析,还包括对此类语言现象做出的理论描述,最终实现语言学研究的两大目标,即获得描写充分性和获得解释充分性。

五、理论框架

本书研究的整体视角是 Langacker(2021)的概念语义学,即意义被视为语言与语言表达形式的相关概念化。概念语义是洞悉我们心智机制及构造的窗口,语法并不仅仅是将词汇粘合在一起的辅助配料,语法结构本身是有意义的。语法意义具有抽象性,相对于词汇意义而言似乎有些“飘忽不定”,但语法意义并非虚无缥缈。就轻动词短语而言,本应该用实义动词构建的谓语意义却要用轻动词结构的形式表达,原来的动词转换成名词成为结构里的宾语后,却要负担本不应该由宾语负担的谓语动词的语义——这个过程说起来拗口,但正因为拗口,我们才能隐隐察觉到其中因形式变化而产生的微妙之处,这种形式和意义的搭配让我们想到某些“言不由衷”的情景。本书的研究目的本质上就是追寻形式转换前后即语法结构意义转换前后所产生的认知差异,并探究语法结构概念对结构中成分的制约机制。

概念语义学的基础观点是语言意义存在于概念化中,概念化是动态的(dynamic)、交互的(interactional)、意象式的(imagistic)、想象性的,例如:隐喻、整合、虚拟、心理空间构造等。本书借用“概念整合”、虚拟(确切来讲为“结构仿拟”)等理论框架。轻动词短语中的动转名词涉及大脑对于概念内容的识解[①](construal),由于大脑对动词和名词的识解机制不同,动词转换为名词后,随之而来的就是识解方式的转换。识解概念内容需要其表达形式激活一系列的认知域(domain),包括作为识解依据的“基础域”和“非基础域”。“识解”包含四个维度:详略、聚焦、凸显、视角。本书研究中考察动词转名词的识解转换时采用的是“凸显”维度,即考察动词、名词的“侧面-基体”。所谓“基体”(base),也称“概念基体”(conceptual base),是语言表达形式中活跃域的直辖域,而“侧面”(profile),也译为“显面”,是直辖域中注意力的焦点(focus),可见,动词、名词之间的词性转换涉及“侧面-基体”的注意力的焦点选择的转换,即Langacker(2008)认为的语法范畴并不取决于整体概念内容,而是取决于具体显面(侧面)的性质。

本书中轻动词短语部分的讨论基于 Langacker 概念语义学的“构式”(construction)讨论,认为语法是象征性(symbolic)的集合,句子模式或语法模式为“构式”,具有图式性(schemas),是已经习得的可以作为同一模式下生成的新表达式的模板。轻动词短语结构就是如此。句子结构纷繁复杂,但远没有杂乱无章到令我们无所适从的程度,实际上,小句根植于我们的经验,在原型概念中有迹可循。本书研究借用概念语义学的概念原型理论来分析轻动词短语的句子模型,包括台球模型(行为链)、舞台模型(场景、参与者、处所、互动)、原型角色(施事、受事)、经典事件模型等[②]。本书通过分析经典事件模型与非标记语言编码之间的配对和互动关系,探究轻动词短语结构的事件模型,进而找出轻动词短语引入动转名词后形式与语义不完全对应的认知产生机制。

六、结构框架

本书主体包括三部分内容:第一篇,英语轻动词短语概述;第二篇,have a N(v)结构;第三篇,give a N(v)结构。

第一篇为英语轻动词短语概述,包括两章:第一章为英语轻动词短语概述,

① 详见本书第四章。
② 详见本书第七章。

针对研究对象进行了性质研究，综合介绍了文献中有关轻动词性质、类属、语法搭配等方面的理论，为本书研究提供理论背景；第二章引出英语轻动词短语的动转名词现象，介绍轻动词短语中动转名词的文献研究，包括结构主义的描述和系统功能语法的解释。

第二篇介绍 have a N(v)结构，包括三章：第三章为 have a N(v)结构概述，介绍本书研究从 BNC 中检索出的包含 7 类不同语义动转名词的 have a N(v)结构，讨论它们的句法搭配模式和语义内容，为后续分析提供语法、语义素材和基础；第四章为动转名词 N(v)的“侧面-基体”分析，介绍“侧面-基体”的分析原理和分析范式，对 have a N(v)结构进行“侧面-基体”细化分析；第五章为 have a N(v)中对动转名词的限制条件，归纳前文分析得出的结论，讨论轻动词短语在语义和结构方面对进入该结构的动词的遴选和限制。

第三篇介绍 give a N(v)结构，包括三章：第六章为 give a N(v)结构概述，介绍本书研究从 BNC 中检索出的包含 8 类不同语义动转名词的 give a N(v)结构，讨论它们的句法搭配模式和语义内容，为后续分析提供语法、语义素材和基础；第七章为 give a N(v)行为链分析，介绍“行为链”理论的基本原理，给出实义动词 give 结构的行为链分析，进而对不同语义类型的 give a N(v)结构进行细化分析；第八章为 give a N(v)行为链模型假设，基于前文分析，对 give a N(v)结构形式的生成机制以及语义生成机制和原理进行了理论假设。

除三篇主要内容外，本书还包括介绍研究背景和框架的“绪论”部分，以及概括整合全书的研究发现和不足的“结论”部分，这两部分单独成章，未列入“三篇”之内。下面从英语轻动词短语概述开始，介绍本书研究的理论背景。

第一篇　英语轻动词短语概述

第一章　英语轻动词短语概述

轻动词(light verb)本身的语义含量较少,基本不能独立充当谓语成分(换言之,当该动词独立做谓语时,就不再是轻动词)。轻动词做谓语动词,与其他词语共同构成谓语成分,其中与名词搭配构成轻动词短语来充当谓语成分的情况最为普遍。(Jespersen,1942)

如上文所述,轻动词不能独立充当谓语成分,但轻动词短语可以独立充当谓语成分。轻动词短语由"轻动词+宾语"构成。历时来看,这一结构起初是临时搭配,后来随着使用频率的增高而逐渐习语化,使用频率越高,习语化程度就越高,如 have a look、take a walk、give a glimpse 等。

一、定义

轻动词的"轻"(light),指的是语义内容含量低,因此,与之相对的,语义内容含量高的实义动词(词汇动词 lexical verb)或内容动词(content verb)也被称为"重动词"(heavy verb),不过这一称呼的应用范围不广,没有成为被广泛采纳的通用术语。

Quirk et al. (1985)①基于动词的功能将动词分为三类:完全动词(full verb)、主要动词(primary verb)、情态助动词(modal auxiliary verb)。完全动词也称词汇动词,是开放词类,只能做主动词;情态动词只能做助动词;主要动词,如 BE、DO、HAVE 等,既可做主动词也可做助动词。Quirk et al. 的分类实际上在排

---

① Quirk et al. (1985) give this classification that verbs, as a class of words, can be divided into three major categories, according to their function within the verb phrase; we distinguish the open class of FULL VERBS(or lexical verbs) such as LEAVE from the closed classes of PRIMARY VERBS(BE, HAVE, and DO) and of MODAL AUXILIARY VERBS(will, might). Of these three classes, the full verbs can act only as main verbs, the modal auxiliaries can act only as auxiliary verbs, and the primary verbs can act either as main verbs or as auxiliary verbs.

斥轻动词的定义,因为轻动词的定义在本质上将轻动词看作实义动词或词汇动词,只是语义含量较低。此外,实义动词是开放词类,而轻动词并不是,轻动词经历了一个逐渐语法化的过程,常用轻动词的数量有限。根据 Quirk et al. 的分类,轻动词更像主要动词,即术语封闭词类,不过轻动词实际上并不能完全充当助动词,因其无法完成否定句和疑问句操作。从上述分析来看,轻动词应该是"第四类"动词。

语言学界对于轻动词属性的讨论持续了很长一段时间,从不同角度给出了多种多样的定义,如表 1.1 所示。

表 1.1　轻动词术语对比

序号	术语	定义
1	去词汇动词 (delexical verb)	指轻动词丢失了一些词汇动词的属性,失去了词汇动词的一些功能
2	矢量动词 (vector verb)	强调轻动词的主要功能是"媒介"功能,即连接主语和谓语成分
3	分析动词 (explicator verb)	也称"解说动词",指轻动词在谓语结构中的主要功能是"解释"或"解说"施事和"动作"(轻动词短语结构中的名词,该名词由动词转化而来)的关系,例如:have a walk 中 have 是轻动词,其主要作用是说明 walk 这一动作与施事之间是所属关系,即 walk 这一动作是由施事发出的
4	薄动词 (thin verb)	也称"瘦动词",主要强调轻动词相对于其他实义动词而言,语义内容含量稀少(需要注意的是,稀少不等于没有,轻动词仍具有一定语义内容)
5	空动词 (empty verb)	这一定义与"薄动词"的分析有所不同,认为轻动词没有语义内容,即语义内容为"空"
6	弱语义动词 (semantically weak verb)	由字面意思可知,这一定义认为轻动词的语义内容含量较低

以上定义没有对错之分,只是显示了研究者的不同研究视角:动因视角(去词汇动词)、功能视角(矢量动词、分析动词,其中矢量动词强调语法功能,分析动词强调语义功能)、语义内容含量视角(薄动词、空动词、弱语义动词)。就语义内容而言,空动词的说法不完全正确。诚然,有些轻动词本身是主要动词,它们既可以充当实义动词,也可以充当助动词,例如 have a N(v)在英译汉中常常省译 HAVE("I'd like to have a walk later."译为"一会儿,我要去散散步。")。但是,轻动词中也有很多实义动词如 GIVE、TAKE 等,这些动词的语义内容含量相对较高,英译汉中一般不会省译("Would you please give me a break?"译为"你让我歇会儿好吧?")。综上所述,单从语义内容含量来看,"轻动词"这一术语较为贴切,因而成为惯用术语。

二、类属问题

轻动词是实义动词还是助动词,需要明确界定。从形态上讲,规则的完全动词有五个形态:动词原形、+s、+ed(过去式)、+ing、+ed(过去分词)。从句法功能上讲,实义动词可以在句子中充当谓语动词。助动词包括主助动词(primary auxiliary verb)和情态动词(modal verb)。助动词也称"帮助动词"(helping verb),在句法功能上起辅助作用,即算子(operator)①。

(一)轻动词与实义动词的区别

完整的英语句子强制出现谓语动词。法国语言学家 Tesnière(1976)认为,如果句子是太阳系,那么谓语动词就是太阳,谓语动词是句子的中心。(张丽娇,2012)Bloomfield(1933)认为,谓语性结构(predicative construction)是外向结构(exocentric construction)(也称"离心结构"),由主题(topic)和述题(comment)构成,换言之,句子是一个离心结构。但是,Chomsky(1965)认为主

① operator 通常译为"作用词;算子;算符"。"作用词"指与句中某个部分有辖域关系的任何语法成分,如限定词、数量词,能够体现否定、时态、体、语气等。英语中出现在动词短语中第一个词前的助动词(auxiliary)也是作用词。之所以把它叫作"作用词",是因为它充当了构成问句的一个词。在问句中要把作用词移到句首,例如"Mary will (AUX1 作用词) be (AUX2) coming to the party.",将此句的作用词放在句首即可构成问句"Will Mary be coming to the party?"。(戴炜华,2007)

语生成于动词短语（VP）的 Specifier 位置，[①]所以句子应该是一个内向结构（endocentric construction）（也称"向心结构"）。实际上，X-bar 理论的基础结构就是向心结构，这个理论认为动词决定句式，谓语成分或称为"述题"，是对主题的进一步说明，为命题提供新信息。谓语成分可以由主动词（main verb）构成或者由谓语动词加其他成分共同构成，例如：

（1）Tom **left**.

（2）Jim **took a banana**.

（3）Jim **took a rest**.

例（1）中 left 独立做谓语，由于其语义含量饱满，因而能够独立描述 LEAVE（离开）事件。例（2）与例（3）中的 took 是一个及物动词，需要与宾语配合来表达完整的述题信息。例（2）中的 took 是主动词，贡献主要谓语信息，因此例（2）是 TAKE（拿取）事件，而在例（3）中，took 虽然仍是谓语动词，但对于述题信息的语义贡献明显不足，贡献更多的是句法功能，即连接主语和谓语成分的功能。分析后可知，例（3）是 REST（休息）事件，汉语译文为"吉姆休息了一下"。

将轻动词与实义动词对立来看，或者认为轻动词是语义内容含量较低的实义动词，这些观点主要源于轻动词一般不独立充当谓语成分这一特点。实际上，逐渐习语化而固定下来的轻动词主要包括那些本身语义内容含量就低的上义词，它们词义空泛、概括性强，例如 DO、TAKE、MAKE、GIVE、HAVE 等。这些词或者约定俗成地使用某具体动词的词义（Mary **took** apples yesterday. 昨天玛丽吃了两个苹果。），或者干脆放弃自身语义内容，与其他词汇搭配，由搭配词贡献语义（We **did cleaning** thoroughly yesterday. 昨天我们彻底扫除了一下。），后者明显为这些词成为轻动词提供了基础和条件。总结来讲，轻动词主要为述题提供语法服务，语义贡献有限。

（二）轻动词与助动词的区别

轻动词的语义内容含量低，不能独立充当谓语成分（如果独立充当谓语，那么就不再是轻动词），这是否说明轻动词根本就不是实义动词呢？由于与实义

① The VP-internal Subject Hypothesis：Subjects are generated in the Specifier of the voice-headed VP.（Carnie，2013）

动词相对的是助动词[实词(实义动词)与虚词(助动词)对立],回答该问题需要找出轻动词与助动词之间的差异和相似性。在一定程度上,轻动词也是一种辅助词,可做谓语动词来辅助构成谓语结构,但轻动词在本质上与助动词不同。助动词是算子,能够辅助实现肯定句、否定句、一般/特殊疑问句的转换,以及时态、体、语态、情态变化等。相比之下,轻动词没有算子功能,其辅助作用只限于连接主语和宾语。例如:

(4)— **Has** John taken his gift?

— No, he **hasn't**.

(5)— **Have** you any ice-cream?

— No, I **haven't**.

(6) * **Have** you a break?

(7) * I **haven't** a walk.

HAVE 是很特殊的一个动词,Quirk et al. (1985)将其归类为主要动词,认为 HAVE 兼具实词和虚词的特点。作为虚词,HAVE 能帮助构成完成体;作为可移动的算子,HAVE 能帮助构成问句和否定句,如例(5)一类的表达虽然并不常见,但是英语母语者接受这种用法,这应该是实词语法化的历时变化所遗留的问题。相比之下,HAVE 一旦进入轻动词短语结构,则无法执行算子操作,因此例(6)和例(7)是不合语法的,换言之,轻动词不是助动词。

(三)可做情态动词解读的轻动词短语

轻动词不是助动词,但是确实有一些高度习语化的轻动词短语在语义和句法功能上与情态动词相似。情态动词,顾名思义,能够表明话语发出者(书面语或口语交流中)对所言之人事物或动作等的态度,即"情态"(modality)。Quirk et al. (1985)将其单独划分为"情态助动词"(modal auxiliary verb)。英语中常用的情态动词包括 must、need、can、would 等。情态动词显然是实义动词语法化的结果,实际上,这种历时变化在当代英语中仍有迹可循,甚至可以将其称为"语法化后遗症",主要表现为情态动词除情态意义外,仍保留实义动词的语义内容,例如 would 的常用词义为"愿意;想要;希望;喜欢;立定志向;决心,决意;想要(某事发生);立遗嘱将(财产等)赠予(某人)"。此外,有些情态动词仍然具有实义动词的功能,例如 need(Need you have paid so much? / They badly needed a change.)，其情态动词用法与实义动词功能同时存在。正是因为情态动词的这一特点，轻动词，准确来讲是“轻动词+to”悄然混入情态动词队伍中，例如 get to、have to、be to 等，见以下例句：

(8) Goodness! You **got to** be kidding us!

(9) All my classmates **had to** get tested as soon as possible.

(10) John said he **was to** leave school the next day.

例(8)、例(9)中的 got to 与 had to 语义相近，两者在例句中都没有携带自身的实义动词含义，而是与动词不定式标志 to 构成短语（或称为“词组”或“语块”）来表达说话人对所言之事的态度，传达情态意义。轻动词情态短语的语义与情态动词有相似之处也有细微差别，例如 must 和 have (got) to 都表示“一定，必须”的意思，但是 must 的“一定，必须”表达说话人/听话人的主观意愿，例如“You **must** return my book on due time.”（你必须按时归还我的书。），句中情态动词 must 传达说话人对听话人的“要求”，说话人采取的是中立视角或自身的主观视角。相比之下，have (got) to 涉及法律、规定、他人意愿等，说话人采用的是移情(empathy)视角，即以同情视角看待施事的行为，因此“一定，必须”的意思中隐含施事并非自愿而是迫于其他原因而“不得不”做某事的意味。例(10)中 be to 与情态动词 will (would) 相近，不同的是，be to 带有“注定发生”(predetermined future)或“理应发生”的意义，而 will(would)表情态意义时主要指“意愿”，如果单纯表将来时，则没有情态意义。

通过以上分析可知，轻动词与助动词对立，因此轻动词应属于实义动词或词汇动词范畴。轻动词因为本身的意义比较宽泛，具有概括性，经常用来代替具体动词，所以在交际中的使用频率越来越高而逐渐习语化，这也使其自身的语义内容含量慢慢减少，经过漫长的历时变化而逐渐语法化，成为固定用法。少数轻动词短语虽然有情态动词解读，但是并不能够像真正的情态动词一样对句子进行转换操作。

三、语义内容含量差别

从句法功能角度来看，轻动词与助动词之间有本质差别，所以逻辑上轻动词仍然是完全动词(full verb)。从语义内容含量角度来看，完全动词内部也存在差别。概括来讲,上义词概括性强、不够具体,因此语义内容含量少,例如"I'd like to **do** my homework alone."(我想要独自做作业。)中的 do 只是概括了"做"这个动作,没有说明方式,相比之下,"I'd like to **write** my homework alone."(我想要独自写作业。)中的 write 要比 do 更为精确,因此 write 的语义内容含量要高一些。

轻动词更为特殊,因为轻动词不标识动作,只标识轻动词短语中的动转名词与施事之间的关系,例如 have a walk 表示施事和动转名词所表示的动作事件(walk)之间是所属关系、take a walk 表示施事和动转名词所表示的动作事件之间是致使关系。换言之,轻动词在轻动词短语中更多起辅助功能。由于轻动词本身还有表动作的本意在,其原本的语义内容含量对轻动词的语义内容含量有一定影响。概括来讲,动词本身的语义内容含量越高(表示的动作越具体),成为轻动词后残留的语义内容含量就越高,因此轻动词之间在语义内容含量上存在差别。不能说所有轻动词都没有语义内容含量,空动词(empty verb)的说法是不准确的。

具体来讲,轻动词 have、do、make、take、get 都是上义词,语义具有概括性,在具体语境中可以用表示具体动作的词代替。以 have 为例,have 可被译为"拥有",但"拥有"并不是一个具体动作,Halliday(1994)将之归类为"关系过程",而轻动词短语中的其他轻动词可被归类为"物质过程"。一般来讲,take 有"致使"的意思,give 有"致使传递"的意思,而 have 自身的语义比较模糊,需要与其他词合作构成谓语,因此 take 和 give 的语义内容含量略高于 have。have、take、give 的语义描述如下:

◇ have = POSSESS(x, y);

◇ take = CAUSE (x,(HAVE (x, y)));

◇ give = CAUSE (x,(~HAVE (x, y)))

如描述所示,take 与 give 比 have 多了一层"致使"的语义内容,其中 give 可以构成表传递的双及物构式,因此是三者中语义内容含量最高的。成为轻动词后,这三个词都损失了一部分语义,但是语义含量高的,残留的语义含量必然高一些,所以,即使同为轻动词,三个词的语义内容含量却不同。

四、语法环境

本书研究中的轻动词短语指由“轻动词+不定冠词+名词”构成的结构，其中名词由动词通过零派生（zero derivation）转换而来。轻动词短语的结构相对固定，由于使用频率高而逐渐习语化，与其搭配的语法环境也比较固定。

（一）时态与体

轻动词短语几乎可以用于所有时态，过去时、现在时、将来时都可以；同时，轻动词短语对体（进行体和完成体）也没有严格限制。例如：

（11）Tom met his brother when he was **having（taking）a walk**.

（12）**Having taken（had）a nice rest**, Lily went back to the classroom.

（13）He **was giving（having / taking）a look** at the window when the door suddenly opened.

（14）**Having given（taken / had）a look** at the closed window, John smiled.

常用轻动词所表达的意思基本都是有起点、可持续的，或者说是有界限的（张悦琪，2020），与动词的体的要求相符，因此，只要句子的意思需要某种体的语义，那么轻动词就可以进行体标识。

（二）语态

所谓“语态”（voice），主要指“主动语态”和“被动语态”。轻动词短语常见于主动语态，在一些特殊语境中，轻动词短语也会出现在被动语态中。主动语态是英语中的无标记语态（unmarked voice），而被动语态是有标记语态（marked voice）。主动语态比被动语态更为自然和常见，轻动词短语用于被动语态时会凸显说话人的某种目的，例如强调①。

需要注意的是，使用被动语态的可行性和必要性紧密相关，例如 have 与 take 的共同点是与轻动词短语中的名词共享施事。具体来讲，have a N(v)中，

① Mathesius 提出了制约次序的原则，包括语法原则、节奏原则、实际切分原则、强调原则。（Firbas，2007） have 连接施事和 N(v)，take a N(v)中，take 致使施事执行 N(v)所表示的动作，例如 have (take) a break / shave 等。如果 N(v)只能携带一个论元，即本事件只有一个参与者，那么施事自身就是动作的承受者，说明该名词做动词时是不及物动词，因此基本不能用于被动语态。不及物动词可以通过添加介词来引入论元，N(v)也继承了这一特点，用介词引入参与者，例如 have a look **at someone**、take a stab **at someone/something** 等。look 是认知行为，对认知对象的影响很小，由介词 at 带入的论元是感知对象而不是受事(patient)；stab 是一个表物质过程的动作动词，做及物动词时表示"刺中"，做不及物动词时加介词 at 表示"试图刺中"，由于高频使用，stab at 已经习语化，表示"试图做某事"。实际上，由介词引入的参与者并不是真正的受事，而是动作对象或者目标，不一定非要受到动作影响，因此使用被动语态的必要性不大。轻动词短语使用被动语态的例子很少，本书没有找到 have a N(v)和 take a N(v)在被动语态中的例子，只找到了 give a N(v)的被动语态的例子：

(15) The uniqueness and prosperity of their lives — **given a glance of a luck** — shocked all the audience.

(16) The particularity of the new type of machine has **been given a thorough look**.

(17) Barely, however, was his father **given a glimpse** after the accident.

例(15)中轻动词短语是分词短语，做插入语，句意为"他们生活的独特性和繁荣——幸运的一瞥——震惊了所有的观众"，glance 的对象是 the uniqueness and prosperity of their lives，分词短语实际上是被动语态，整个句子还原成主动语态为"The uniqueness and prosperity of their lives was given a glance of a luck and shocked all the audience."。例(16)则更为明显，句意为"这种新型机器的特殊性已被彻底研究过"，look 引申为"研究"之意，主语是 look 的对象而非施事。例(17)是一个倒装句，也是明显的被动语态，句意为"然而，事故发生后，(某人)几乎未见他的父亲一面"，his father 是 glimpse 的对象。这三个例子中的轻动词短语基本都表示"看到"。本书研究没有发现其他类型动转名词所在的轻动词短语使用被动语态的情况。使用主动语态或者被动语态看似是对语序的选择，本质上是对于话题的选择，以上三例都选择认知对象作为话题，是认知对象话题化的结果。此外，以上三例的另一共同之处是施事不明确或者不确切。施事不明确也是形成被动语态的动因之一。

五、修饰成分

轻动词短语的修饰成分包括修饰动转名词的形容词和介词短语。轻动词短语中的名词在形式上是轻动词的宾语,但由于该名词由动词转化,因而残存了动词的某些特性,如与介词搭配引进新论元等。

(一)名词+介词短语

本书讨论的"轻动词短语+介词短语"指的是轻动词短语中的动转名词与介词搭配引介参与对象的情况,如果介词短语或动词不定式短语在全句中是独立成分,则不在本书讨论范围内。见以下例句:

(18) Linda gave Lily a quick look **to check whether she had gone**.

(19) This performance gives us a rare glimpse **of a great artist at work**.

例(18)中 to check whether she had gone 是动词不定式短语做目的状语,是独立的句子成分,与轻动词短语不是依存(dependence)关系,因此不在本书讨论之列。相比之下,例(19)中 of a great artist at work 与轻动词短语中的名词 glimpse 是依存关系,属于本书讨论的情况,句意为"这个表演使我们难得地一瞥伟大艺术家工作时的情况"。从英汉对比角度来讲,汉语中没有与"give + a N(v)"对等的习语化搭配结构,所以汉译中摒弃了轻动词 give 的语义,使用了轻动词结构中的名词还原成动词后的语义。名词短语 glimpse of 是常见搭配,of 引入 glimpse 的对象,例如"When he talks, he only gives glimpses of his real self."(当他讲话时,他只流露少许个人的真实想法)。

"轻动词短语+介词短语"出现的动因是引出动转名词做补语,介词 of 对于名词的依附性很强,是这类结构中最常用的介词,其他介词虽然不如 of 使用频率高,但也不难找到例证,见以下例句:

(20) His father gave a laugh **of surprise**.

(21) Tom gave Linda a cut **on her arm**.

(22) John gave his brother a slap **down the shoulder**; he grunted but failed to slap back.

（23）Dr. Johnson gave us an enlightening talk **on the further development of the international economy**.

例(20)中 of 引介的名词 surprise 不是 laugh 的对象或参与者，而是 laugh 的方式或者原因，句意为"他爸爸**惊讶地**笑了起来"。例(21)与例(20)完全不同，on 引入的名词是 cut 作用的身体部位，可以看作是引入参与对象，句意为"汤姆**在琳达的胳膊上**划了一道口子"。例(22)与例(21)的情况类似，down 引介 slap 的身体部位(对象)，句意为"约翰扇了**他弟弟肩膀**一下；他咕哝了一声，但没有回击"。例(23)也是如此，on 引入的名词短语是 talk 的内容，句意为"约翰逊博士就**国际经济的进一步发展**给了我们启发性的演讲"。

(二)形容词性修饰成分

轻动词短语结构内部可以有形容词修饰动转名词。轻动词短语中的名词与其他普通名词一样，允许形容词做修饰语，但是因为这些名词由动词转化而来，残留某些动词语义的特点，所以对形容词有一些限制，例如：

（24）John gave his son a **good kick**.

（25）Jim had a **little kick** at one of his enemies who had kicked him earlier.

（26）Mary gave her future husband a **playful dig** in the ribs with her finger.

（27）Bill decided to have a **fast shave** though there was little time.

例(24)中 good 不是表品质的"好"的意思，而是表程度，句意为"约翰**狠狠地踢**了他儿子一脚"。例(25)中 little 也不是表大小，而是表程度，句意为"吉姆**踢了一下**他的一个敌人，那个敌人之前踢了他一脚"。例(26)中 playful 表示的是方式，句意为"玛丽用手指**开玩笑地戳了戳**她未来丈夫的肋骨"。例(27)中的 fast 与例(26)中的 playful 一样，也表示方式，句意为"虽然时间不多，比尔还是决定**快速刮胡子**"。

结语

本章主要介绍轻动词的基本概念、类别、语法、搭配等内容。轻动词虽然在轻动词短语中主要起辅助作用，但是，就句法功能而言，轻动词与助动词完全不同，轻动词不能作为句子转换的算子。因此，轻动词仍属于实义动词或完全动词或词汇动词范畴，只不过，从语义内容含量来看，轻动词的语义内容含量较低，无法独立表明谓语成分的动词语义，需要与动转名词合作共同表明谓语成分的动词语义。轻动词短语对时态和体没有特殊要求，绝大多数时态和体都可以使用轻动词短语。轻动词短语常见于主动语态，极少数情况下可见于被动语态。轻动词短语结构允许形容词和介词短语充当修饰成分。

第二章　英语轻动词短语的动转名词现象

根据形态学(morphology)[①]研究,语素,或译为“词素”,是语言中最小的有意义的单位。英语中,根据词性的繁简,词分为“简单词”和“复杂词”。“简单词”是由单个语素构成的词,“复杂词”是由多个语素构成的词。英语词汇的主要形态变化方法包括派生法(derivation)、复合法(compounding)、屈折法(inflection)[②],次要形态变化方法包括新造词法(coinage)、截搭法(blending)、逆构词法(backformation)、截短法(clipping)、缩略法(acronym)、转换或词类转换法(conversion)。[③]

英语轻动词短语中的动转名词现象属于构词法中的转换或词类转换法,即某词从一个词类转换为另外一个词类,转换过程中没有发生任何词形变化。这一转换过程被认为也是派生法的一种,因为词类转换过程中没有派生语素参与,所以被称为“零位派生法”(zero-derivation: derivation by zero suffix),即同一

---

① morphology,即“形态学;词法”,由 J. W. von Goethe(1749—1832)创造,用来指对生物体的形式和结构的研究,在 19 世纪用于语言学中,作为“屈折”和“构词”的覆盖术语。形态学或词法学是语法学的分支,主要研究词的形态,包括词的内部结构、形式和类别,以及作为语言的最小意义单位的词素及其变体,描写词素库(morpheme inventory)以及可能的词素组合。(戴炜华, 2007)

② 由于英语词汇有形态变化,因而需要区分“词汇”(word)和“词汇单位/词位”(lexeme)。所谓“词汇单位”,指的是一个能够以许多不同形式出现在口头或书面句子中的抽象单位,它是一个语法单位,即使有屈折变化,变化后的结果仍是同一词汇单位,例如词汇单位 TAKE 可以有多种屈折形式(take, takes, taking, took, taken)。派生法与复合法能够产生新的词汇单位,而屈折法不产生新的词汇单位,仅标识语法信息。(戴炜华, 2007)

③ derivation,即“派生法”,指的是通过添加派生词缀的方式构成新词,例如 un + able→unable; compounding,即“复合法”,指的是由至少两个自由语素或词素构成新词的方法,例如 green + house→greenhouse; inflection,即“屈折法”,指的是在词基或词干上添加屈折词缀,仅用以标识屈折范畴,不产生新词; coinage,即“新造词法”,指的是创造新词,例如 vlog; blending,即“截搭法”,指的是将两个词位截短拼接的构词方式,例如 smoke + fog→smog; backformation,即“逆构词(法)”,指的是去掉被误认为的后缀的构词方法或由此构成的词,例如 edit 来自 editor; clipping,即“截短法”,指的是对原有词形进行截短,不改变词义和词性,例如 omnibus 截为 bus; acronym,即“缩略法”,指的是将短语中的每一个首字母合在一起构成新词,其中按单一词语读出的,例如从 International English Language Testing System 而来的 IELTS,称作“缩略语”,按首字母逐个读出的,例如从 World Trade Organization 而来的 WTO,称作“首字母缩写词”(initialism)。(汪榕培、卢晓娟, 1998)

词形的词汇单位发生了句法功能的转变(functional shift),例如 the father (n.)/to father (v.) a child 等。[①] 动转名是一种非常高产的词类转化过程,常见于日常对话中(Quirk et al., 1985),其中在以轻动词 have、take、give 等构成的轻动词短语中最为常见,例如 have a break、take a snap、give a glimpse 等。

一、结构主义视角

结构主义语言学家注重解析句法结构,以及描写句法成分和成分之间的关系。已有研究多关注轻动词短语中动转名词的特点、动转名词的准入特点、动转名词的转化动因等方面。

(一)动转名词的特点

结构主义视角下的轻动词短语中的名词宾语(例如 have a **look** 中的 look)与一般"谓语动词+名词宾语"(例如 have a **book** 中的 book)中的名词宾语不同,轻动词短语中的名词宾语是有标记(marked)的语言现象(Poutsma, 1926; Jespersen, 1942),主要表现为:轻动词短语中的动转名词不表示物质实体、概念或事件,而表动作,与轻动词一起说明施事做了某一动作。结构主义语言学家对轻动词短语中动转名词的特点进行了描写和分析,主要观点包括:(1)它们不能被疑问词提问;(2)它们不能被 one 等替代词代替。(Kearns, 1988)见以下例句:

(1) I had a **book** on the table. / What did you have on the table?

(2) I had a **walk** in the garden. / * What did you have in the garden?

(3) I had two **books** on the table. The thick **one** was a gift from my mother.

(4) I had a **walk** in the garden. (*) It was a good **one**.

例(1)中表实体的名词做宾语,可以被疑问词提问,而例(2)中的动转名词

① 词汇转换并不局限于动词转名词,实际上,各种词类之间都有转换现象,例如:名词转动词(She nursed the farm carefully at the beginning.);形容词转名词(Many classics are now available in the bookstore.),形容词转动词(Jim paled with shock at the news.);介词转名词(Business confidence is on the up.),介词转形容词(The time for discussion is past.),介词转动词(And I, too, must up and off.);副词转动词(They are trying to further the patriotic public health campaign.),副词转名词(Now is the right time for harvesting.)。(张金泉,2015)

表动作，无法被疑问词提问。例（3）中 book 被 one 替代是常见语法操作，而例（4）中的 one 替代的是 had a walk 这一事件，而不是单独替代 walk，所以用（*）标示，意义为如果 one 替代 walk 则不符合语法规则，如替代 had a walk 则正确。为了区分一般名词宾语和轻动词短语中的动转名词，Quirk et al.（1985）将这些动转名词称作“事件宾语”（eventive object），其中“事件”主要指行为或动作所产生或导致的结果。然而，“事件”这个名称本身也包含很多普通名词，不全指行为或动作，因此有语言学家认为应该将动转名词单独划分出来，称为“行为宾语”，意思是该宾语表示“行为”而非“事件”。（许孟庚，1992）

（二）动转名词的准入特点

以往的研究发现，轻动词短语中动转名词的特点在很大程度上受转化前动词的影响。作为一种构式类型，虽然轻动词短语结构要求进入其中的动词成为名词，但并不是任何动词都可以进入其中成为名词宾语，这一结构对动词有准入限制。在前期研究中，受限于语料规模和系统性，有些语言学家认为可进入轻动词短语结构中做宾语的动词有独特性但没有明显规律。（Nickel，1968；Prince，1974）粗略观察语料后发现，进入轻动词短语结构中做宾语的动词次范畴以不及物动词居多。（Stein，1991）

Wierzbicka（1982）认为，从语义角度来看，能够进入轻动词短语结构的动词存在一些共同点，例如：（1）必须是持续性动作；（2）不可以有外部目标；（3）动作具有可重复性。这一研究结果是通过对动词的语义分类得来的，换言之，有三类动词可以进入轻动词短语结构中做宾语：第一类是持续性动词，顾名思义，这些动作是可持续的，例如 have a **<u>rest / break</u>** 等；第二类主要是一类不及物动词，它们所描述的动作在语义上基本都回指向施事，即不及物动词只携带一个论元，例如 have a **<u>walk</u>** 等；第三类主要涉及“行为类”（behavior）动词，例如 have a **<u>cough</u>** 等，这些动作可以只进行一次如只咳嗽了一下，也可以重复进行如多次咳嗽。

Dixon（2005）也从动词的语义特点着手描述，认为这些动词体现了施事的“自主性”、动作本身的“活动性”和“无结果性”。能进入轻动词短语中做宾语的动词中有一类的语义是施事自主的动作而非被施加的，例如 have/take a **<u>walk</u>**，是施事自主 walk，give me a walk 是不可以说的。不过，give me a break 是被允许的,表面上看 break 是别人给予的,实际上,break 的主导仍然是施事,只不过此例中 give 与 break 的施事不是同一个人。动作本身的“活动性”主要指轻动词短语中的动转名词所表示的动作具有活动性,它们并不只是动作名称或者事件名称。“无结果性”与“活动性”类似,只强调动作或者活动本身,不关注结果,例如 have a walk 只强调 walk,不强调 walk 所带来的影响或结果。

Smith(1997)区分了“词汇体”(lexical aspect)和“语法体”(grammatical aspect)。词汇体的分类叫作“情状类型”(situation type),包括:状态(state),例如 like、believe、hope 等;活动(activity),例如 walk、push、swim 等;完结(accomplishment),例如 wait、seek、eat 等;实现(achievement),例如 die、ill、explode 等;单动作(semelfactive)①,例如 cough、jump 等。曾天娇、贾冠杰(2017)认为,进入轻动词短语中做宾语的动词应该是活动类动词,这也与前文所述的动词语义特点中的“活动性”相符,但是,从词汇体分类的角度来看,单动作类动词也可以进入轻动词短语中做宾语,例如 have a cough、take a jump 等。

(三)动转名词的转化动因

实际上,使语言学家困惑的除了轻动词短语结构本身,还有一个问题,那就是为什么不直接使用实义动词,而要采取迂回的轻动词短语形式——从语言经济学角度来看,这是一个“费力”(effort consuming)的形式,不符合以说话人为基础的省力原则。当然,这一视角是语用学视角,结构主义语言学家更倾向于从结构本身说明动转名词的机制和动因。Jespersen(1924)认为,动词名词化制造出语法空位,修饰动词的副词随之转化为修饰名词的形容词。但是这只能说是动转名词带来的“副作用”,本身并不是动转名词的转化动因——换句话说,为什么非要把副词变成形容词呢?这一解释恐怕最终会陷入循环论证。

“表达强度”观点对动转名词动因的解释是,定语修饰语的表现力更强,状语变成定语后表现力更大(向明友,1995),但是实际上,轻动词短语中更多的情况是没有形容词修饰动转名词,不涉及形容词表现力更大的问题。

“结构派”认为,两个副词修饰同一动词时在结构上会显得“臃肿”,而两个形容词修饰同一名词则没有这个问题,很符合人们的语感,显得行文更通顺,例

① 单动作并不是 Vendler(1967)四分法中的一个,是由 Comrie(1976)添加的。

如“He slept long and soundly.”在结构上没有“He had a long and sound sleep.”合理(王逢鑫,1999)。然而,语料并不排斥前者,英语母语者也不会刻意将前者变成后者。

“末尾加重”的解释更令人信服一些,这个观点认为,英语句法结构有一条“末尾加重原则”。不及物动词如 swim、walk 等直接做谓语时,如在“He swam / walked.”等句中时,会让人感觉结构“头重脚轻”、不够完整(章振邦,1989),直觉是“话没说完”,因此,轻动词短语结构逐渐形成,代替类似结构,把焦点挪移到宾语位置,解决“头重脚轻”问题。当然,这一说法还需要历时语料研究支持,以及英语母语者的反思性意见。

二、系统功能语言学视角

系统功能语言学关注语言功能,从概念、人际、语篇等角度分析轻动词短语结构中动转名词的功能、准入动词的类型、动转名词的转化机制与动因等方面的问题。

(一)动转名词的功能

系统功能语言学认为,语言是人类社会活动的产物,是人类交际的工具,主要有三种元功能:概念功能(ideational function)、人际功能(interpersonal function)、语篇功能(textual function)。[①] 概念功能包括经验功能和逻辑功能,及物性(transitivity)是经验功能的语法体现形式。及物性将经验分割成不同的“过程”(process)[②],同时还有各种过程的“参与者”(participant)和“环境成分”(circumstantial element)。

---

① 系统功能语言学的概念功能与哲学或者语义学的“概念”有所不同,主要包括经验功能(experiential function)和逻辑功能(logical function)。经验功能指的是人们使用语言表达自己或他人在现实世界(包括内心世界)的各种经历,简而言之,就是描述客观世界、主观世界(包括虚拟世界)中发生的事,牵扯到的人和物以及与其相关的时间、地点等环境因素。逻辑功能主要是指语言对于多个意义单位之间逻辑关系的表达。经验功能主要通过“及物性”(transitivity)和语态(voice)来体现。及物性是一个语义系统,其特点是将人们的经验以及在现实世界的所见所闻、所作所为分成若干“过程”,将经验通过语法进行范畴化。(胡壮麟,朱永生,张德禄,等,2005)

② 及物性系统将人类经验分成六种不同的过程:(1)物质过程(material process);(2)心理过程(mental process);(3)关系过程(relational process);(4)行为过程(behavioral process);(5)言语过程(verbal process);(6)存在过程(existential process)。(胡壮麟,朱永生,张德禄,等,2005)

从及物性角度来看,轻动词短语中的轻动词用来体现“过程”,动转名词是该过程的延伸,例如 have a walk 中 have 表“关系过程”(relational process)[①],a walk 是关系过程的延伸。have 是关系过程中的“所有式”(possessive),此处指 walk 这一动作属于施事。一般的名词宾语是过程的参与者,轻动词短语中的动转名词不是实体甚至不是概念,而是动作,因此是非典型参与者。(王俊红、仇伟,2018)

实际上,及物性系统中的过程参与者还有两种:“受益者”(beneficiary)和“范围”(range)。“受益者”指领受他人之物的“领受者”(Tim gave **me** a book.)或者是服务对象(He bought **me** a gift.),即“委托者”;“范围”是某一过程“涉及面”的成分(They will sing a **song** for us.)。仇伟(2006,2014a)认为,轻动词短语中的动转名词是“范围”,具体来讲,动转名词的具体角色功能受该名词转化前的动词所表示的过程类型的影响。表物质过程(material process)的动词转化成名词后,其功能角色就是“范域”(scope);表行为过程(behavioral process)的动词转化成名词后,其功能角色就是“行为”(behaviour);表言语过程(verbal process)的动词转化成名词后,其功能角色就是“讲话内容”(verbiage);表关系过程(relational process)的动词转化成名词后,其功能角色就是“属性”(attribute)。

(二)准入动词的类型

前文讨论动转名词的功能时没有讨论动转名词的限制条件,即哪类动词可以进入轻动词短语结构中转化成名词。邵新光、张法科(2010)研究发现,表物质过程、行为过程、心理过程(mental process)和言语过程的动词可以进入轻动词短语中做名词宾语。然而,仇伟(2014b)的研究有不同发现,他认为可以进入轻动词短语结构的动词类型是表物质过程、行为过程、言语过程和关系过程的动词。表哪类过程的动词可以进入轻动词短语充当名词宾语仍需要大量语料分析支持,此外,学者们还需要注意一个问题:是不是表某一过程的所有动词都可以进入轻动词短语中做名词宾语?这个问题仍需要进一步研究。

---

① 关系过程反映事物之间的关系,分为“归属”(attributive)和“识别”(identifying)两类。这两种关系过程各自又可分为“内包式”(intensive)、“环境式”(circumstantial)和“所有式”(possessive)。

(三)动转名词的转化机制与动因

系统功能语言学将词类转换、名词化、动词化等看作是语法隐喻(grammatical metaphor)中的概念隐喻(Halliday的概念隐喻指概念元功能层次的隐喻,不同于Lakoff的概念隐喻[①]),在科技语篇中有大量的语义事物化(thingization)现象,语法上表现为名词化(nominalization)。就轻动词短语而言,动转名词是"过程"被"实物化"的现象,原本动词表达某一"过程",转化为名词后,这一过程就隐喻为某个实体了。因此,轻动词短语中的动转名词的转化机制是"过程""物化"过程。(邹智勇、程晓龙,2015;王俊红、仇伟,2018)

系统功能语言学视角下,轻动词短语中动转名词的转化有三个可能性动因:(1)强化"过程"的"事物性";(2)名词被修饰的潜力比动词大;(3)有利于语篇信息的衔接。前两个动因可以结合来看。动词表"过程",虽然可对其进行方式、程度等方面的描写,但表现力和信息量仍然受到语法形式的限制。相比之下,名词的语法开放度更大,搭配成分更加多样,更容易分类、量化、限定、识别和描写,能够提供更为详尽的信息。(仇伟,2014b)从语篇角度来看,动转名词做宾语,利用复合结构位置的优势,更容易实现语篇的衔接和连贯,例如:

(5)Sometimes I like to have a **shower** at the end of the day. The hot **shower** helps me relax.

例(5)中第1个句子中出现的shower处于述位(rheme)位置,动转名词方便做主语,因此在第2个句子中成为主位(theme),通过词汇重复(lexical repetition)的方法完成衔接,从而使语篇更为连贯。例(5)如果没有使用动转名词,而是使用动词直接造句(Sometimes I like to **shower** at the end of the day.),那么就无法通过词汇重复的方法实现衔接了,因为动词不能直接做主语,无法实现上述语篇信息衔接。

从交际角度来看,动词不是信息的焦点,而是从已知信息(given information)到新信息(new information)的过渡点。功能语言学(Firbas,2007)认

---

① 概念隐喻(conceptual metaphor)是从一个具体概念域向一个抽象概念域的系统映射;概念隐喻是思维层面问题,是思维方式和认知手段。(李福印,2008)

为,信息焦点位于句子结构中的末端位置,换言之,末端位置是交际动力(communicative dynamism)最高的位置。轻动词短语结构是将非信息焦点转变为信息焦点的语法手段,这是放弃直接使用动词这种经济性形式,而采用更为复杂的轻动词短语结构,将原本的谓语动词转换为名词宾语的主要动因之一。

三、认知语言学视角

认知语言学(Cognitive Linguistics)是继结构主义语言学(Structuralism)、转换生成语言学(Transformative Generative Grammar)之后,在20世纪70年代末逐步发展而成的独立语言学研究分支①(王寅,2007)。认知语言学基于人们对客观世界的经验,使用对世界进行感知和概念化的角度和方法来研究语言现象,因此,轻动词短语中的动转名词的性质、动转名词的转化机制和转化动因等问题都可以放在人类的认知经验视角下进行分析。

(一)动转名词的性质

认知语言学认为,名词用来指称某一领域(domain)的区域(region),所谓"区域"可以抽象地定义为一组互相连接的物体。(束定芳,2008)由其他词类转化而来的名词叫作"名物化",其中从动词转化而来的名词数量最多。名物化是一个具体化(reification)的过程,其特征由名词类型和动词类型的特点共同解释。通过名物化的语义操作,动词在概念上转化成一个物体或事物,从而被给予或获得作为一个物体的数和量,在轻动词短语中体现为不定冠词 a/an。

范畴化(categorization),或划分范畴,是人类认知的最基本能力(Jackendoff,1985),范畴化与原型范畴理论是认知语言学的重要理论视角之一。范畴化本

① 王寅(2007)的书中认为认知语言学形成于20世纪70年代末;戴炜华(2007)指出认知语言学诞生于20世纪80年代后期;束定芳(2008)认为认知语言学兴起于20世纪70年代末。实际上,认知语言学的早期研究,包括 Paul Kay 对焦点色的研究、Rosch 对基本层次范畴的研究、Talmy 对空间关系的研究、Fillmore 对事件框架的研究,都发生在20世纪70年代。20世纪80年代,Fauconnier 的心理空间论、Langacker 的认知语法、Lakoff 的概念隐喻研究等对认知语言学的发展产生重要影响,其中 Langacker(1987a)的 *Foundations of Cognitive Grammar*(《认知语法基础》)被称为"认知语言学的圣经";Lakoff 与 Johnson(1980)的 *Metaphors We Live By*(《我们赖以生存的隐喻》)被称为"认知语言学的基石之一";Fauconnier 的心理空间论、Fillmore 和 Goldberg 等语言学家的构式语法也在认知语言学界产生较大影响。

质上是概念形成的过程,从范畴角度来观察词汇类型后可知,轻动词短语中的动转名词属于名词范畴的边缘成员(peripheral member)。动转名词有名词的核心特点和属性,换言之,动转名词与其他名词具有家族相似性(family resemblance)①,如语法功能上可以做宾语以及受形容词和介词短语的修饰等,但是动转名词受原本动词词性的影响,语法开放程度不及普通名词高,语法功能角色相对较少,搭配类型有限。(仇伟,2006;张法科、邵新光,2010)

(二)动转名词的转化机制及动因

认知语言学认为,人类对于刺激物的解读取决于认知域(domain),"侧面-基体"(profile-base)理论认为侧面是凸显之物,基体是认知域。如前文所述,词类与认知选择或者凸显有关,"名词"表示某个"领域"的"区域",动词则凸显"过程"和"关系"。丁一(2013)认为,轻动词短语中的动转名词是以动词的过程为基体后凸显片段的结果,其转换原理是动词和名词是同一基体的不同侧面化或者凸显的结果。

从广义上讲,语言表达的意义由"名义"(nominal)谓词与"关系"(relational)谓词表达。这两种类型不一定存在内容性质上的差异,但存在解释和凸显这些内容的方式上的差异。关系谓词分为描述"过程"(process)的谓词和描述"非时间关系"(atemporal relation)的谓词。过程谓词与动词类同延(coextensive)。相比之下,非时间关系谓词对应介词、形容词、副词、不定式和分词等传统类别。Langacker(1991a)区分了两种认知过程:总括扫描(summary scanning)和次第扫描(sequential scanning)。在总括扫描中,一种情况的各个方面都是以累积的方式进行检验的,是一个逐渐变得越来越复杂的概念构建过程;一旦扫描整个场景,它的所有方面都将同时可用,并作为一个格式塔连贯起来。相比之下,次第扫描涉及一个场景到另一个场景的连续变换。以非累积的方式,对一个不断变化的情况的各个阶段进行连续检验;它是一个动态的概念构建过程,因为它的内容从一个瞬间到下一个瞬间一直在变化。

"扫描"论点认为,轻动词短语中的动转名词过程是由次第扫描变成对事件

① 家族相似性(family resemblance):20世纪50年代,Wittgenstein通过对game的研究指出范畴边界的不确定性,范畴中存在中心成员和边缘成员,成员的特点不会完全一样,但是具有家族相似性。

的总括扫描的过程。(邵新光、张法科,2010)总括扫描是对认知对象所有信息的汇总,类似于一个"完形",能够形成一个整体的认知领域,是名词的典型特点。次第扫描更适合时间关系,可以描述变化,也适合描述限定动词(finite verb)。因此,人们对动转名词的认知是从动词的残留印象(次第扫描)开始的,然后以总括扫描结束,即将动作解释为动作事件。

认知语言学认为隐喻是思维的工具,是人类认识和理解世界的方式。概念隐喻在源概念和目标概念之间建立概念联系,实现概念转移。简而言之,人类倾向于用自身熟悉的概念去理解甚至构建抽象的或难以理解的概念。仇伟(2014b)认为,轻动词短语中的动转名词是基于想象思维的本体隐喻(ontological metaphor)[①]。人类基于自身的理解及经验和体验,通过想象思维,把"动作"概念理解为"实体"概念(+AN ACTION IS A PHYSICAL OBJECT+)。这类概念转换的条件是两者之间存在时间和空间表征的对应关系:动作之于时间,实体之于空间;动转名的本体隐喻过程是动作与实体之间的概念转换过程,它使动作从在时间中的存在状态转换成实体在空间中的存在状态。

转喻(metonymy)[②]与隐喻一样,也是人类重要的认知工具,本质上也是概念的映射过程,源概念和目标概念通过接近关系(部分—整体、整体—部分、材料—产品等)建立起实体的认知对等。席建国、王文斌(2016)认为,轻动词短语中的动转名词是一种"双层"转喻,即"行为过程"指代"行为"的转喻关系和"行为"指代"物体"的过程。

至于动转名词的动因问题,概念隐喻和概念转喻对于解析认知对象的便利性可能是动转名词的动因。此外,Langacker 认为,语言可分为以物体为主(object-dominant)和以动作为主的语言,英语是一种以物体为主的语言,这也是英语轻动词短语的形成动因之一。

---

① 本体隐喻:在隐喻概念中,人们将无形的概念,即抽象的甚至模糊的思想、感情、事件、状态以及心理活动等,看作具体、有形的实体,尤其是人体本身,由此产生本体隐喻或实体隐喻。容器隐喻(container metaphor)是实体隐喻的典型代表,这是因为人体本身就是一个容器,是独立于客观世界的实体。

② 转喻也可译为"换喻""借代",借助与某事物密切相关的东西来表示该事物。(戴炜华,2007)

结语

本章对轻动词短语中的动转名词问题进行了文献梳理，从结构主义、系统功能语言学、认知语言学等视角讨论了动转名词的性质、动转名词的转换机制和动因等问题。结构主义关注结构特点对于轻动词短语以及动转名词的影响，系统功能语言学关注句法元素的功能角色对于轻动词短语的形成和作用的影响，认知语言学则凸显了人类的认知习惯和认知经验对于轻动词短语结构形成的解读。

第二篇　“侧面-基体”分析：have a N(v)结构

第三章　have a N(v)结构概述

本书从 BNC 中遴选了 4 000 多个含有 have a N(v)的句子,并对其中的动转名词进行了语义分类,共得到 7 类动转名词,见表 3.1:

表 3.1　动转名词类别

序号	名称	代表动词	公式
1	移动类	WALK	have a $N(v)_{motion}$
2	谈话类	TALK	have a $N(v)_{talk}$
3	姿势类	SIT	have a $N(v)_{posture}$
4	身体清洁类	SHOWER	have a $N(v)_{body}$
5	感知类	LOOK	have a $N(v)_{perception}$
6	摄食类	DRINK	have a $N(v)_{consumption}$
7	发声类	CRY	have a $N(v)_{sound}$

此外,少数动转名词数量较少、语义宽泛,无法具体分类,本书将这些零星例子统一归纳到"其他类"进行讨论。

一、移动类

移动类动词 V_{motion},典型代表是 WALK,在本书中主要指表人或动物以脚或足为载体完成移动过程的动词。该类动词在轻动词短语中相对常见,本书未进行穷尽性语料研究,共收集 125 条语料。①

① 常见短语包括但不限于 have a walk/dance/swim/run/wander/stroll 等。

从语料观察来看,能够在轻动词短语中转化为名词的高频次动词是某一移动行为的概括词或上义词,低频次的一般是表具体动作的词,例如 wander 表“闲逛”,stroll 表“散步,溜达”,都属于 WALK(走),但它们不但描述了动作本身还描述了动作方式,都是 WALK 的下义词。总体来看,表“走”的动词是轻动词短语的动转名词中最常见的,这可能是因为这一移动动作是人们日常生活中最常见的移动动作。

(一)句法搭配

Live(1973)认为,轻动词短语是一个独立的句法单位。移动类动词一般是不及物动词,转为名词后保留了这一特点,不引介施事之外的主目,因此 have a $N(v)_{motion}$ 只有一个参与者主目,一般是施事主语,如果有其他名词短语要参与轻动词短语事件,则需要介词引入。具体分析如下:

1. have a $N(v)_{motion}+\varnothing$①

轻动词短语中,动转名词宾语的语义是移动类的,单独出现的情况最多。常见的句子模式是“施事主语 + have a $N(v)_{motion}+\varnothing$”,轻动词 have 与 $N(v)_{motion}$ 共用一个施事主语,即“移动者”,说话人用简洁的句法结构表达施事的某一移动事件,见以下例句:

(1) I'd like to ***have a walk***.

(2) He said he ***had a stroll*** just now.

(3) I can ***have a run*** if I want to lose weight.

(4) I'd like to ***have a dance***.

(5) They ***had a wander*** and got themselves an appetite.

(6) Going to ***have a swim***?

由以上例句可知,句子提供的是最基本的信息,轻动词短语仅仅提供移动事件信息。例(1)施事意欲做某一移动事件,例(2)施事实施过某一移动事件,例(3)施事能够做某一移动事件,例(4)同例(1),例(5)同例(2),例(6)是一个省略成分的疑问句。轻动词短语提供的是一个基本但完整的事件信息,至于移动方式、范围等信息,则需要额外添加介词短语进行说明。

---

① “$\varnothing$”表示这类 have a N(v) 后不跟做 N(v) 补语的介宾短语,下同。

2. have a $N(v)_{motion}$+PP

移动类动词一般为不及物动词，动作的影响力回指到施事身上，不携带额外的受事宾语，但是这并不影响轻动词短语与介词短语搭配，提供诸如方式、范围等信息。需要注意的是，这些介词短语大多修饰轻动词短语，并非由 $N(v)_{motion}$ 单独引出，最有力的佐证就是移动类动转名词没有与 of 短语搭配的例子被发现，而在所有介词短语中，of 引导的介词短语对于名词的依附性最强，因为 of 表所属关系。在 have a $N(v)_{motion}$ 后出现的常见介词短语见表 3.2。

表 3.2 have a $N(v)_{motion}$ 与介词短语搭配

序号	介词	功能及语义
1	with	伴随格(comitative function)，与并列连词 and 类似
2	at/round/around/along/in	空间
3	for	时间

介词短语的主要句法功能包括做名词短语的后置定语、做状语(附加语 adjunct，主语附加语 subjunct、外加语 disjunct、连加语 conjunct)、做补语(动词补足语、形容词补足语)。“have a $N(v)_{motion}$+PP”中的介词短语在位置上处于名词后，但并非做后置定语，而做状语，见以下例句：

(7) He would like to buy expensive gifts for Lily if she would ***have a dance*** with him.

(8) I would like to ***have a walk*** along the sea alone.

(9) So we ***had a walk*** round the town.

(10) I'll go and ***have a wander*** around the rose garden.

(11) If you like you could ***have a swim*** at the swimming pool.

(12) He may possibly ***have a stroll*** round the campus.

(13) We ***had a nice swim*** for half an hour or so.

由以上例子可知，have a $N(v)_{motion}$ 是独立的谓语成分，介词短语是状语，语义上表伴随、时间、地点且与动转名词的语义相关,但在句法逻辑上并不单独依附(dependent)动转名词,换言之,介词短语不单独修饰或依附轻动词短语中的动转名词。

3. have a adj. $N(v)_{motion}$

如前文所述,动转名词允许形容词修饰。表移动的动词在语义上与时间和距离紧密相关,转化为名词后,表时间和距离的形容词对其友好,经常做动转名词的定语,见以下例句:

(14) I am quite thirsty since I have ***had a <u>long</u> walk***.

(15) I just had ***a <u>short</u> walk*** along the road.

(16) You just need to ***have a <u>10-minute</u> walk*** to catch the city bus.

(17) She should also ***have a <u>30-minute</u> swim***.

例(14)和例(15)中的long和short表示移动者的移动距离的长短。例(16)和例(17)则表示移动者在10分钟或30分钟内不间断地散步或游泳。由前文可知,介词短语可以引介时间和距离,从结构经济性角度来看,形容词比介词短语在形式上更简洁,但是从信息结构角度来看,后置介词短语的信息重要性要高于动转名词。对结构的选择是说话人对信息焦点和结构经济性进行权衡之后的结果。

此外,表移动的动词转化为名词后,与大多数普通名词一样,可接受对其"质量"或性质(quality)的评价,如good、bad、nice等,如下例:

(18) We ***had a <u>nice</u> swim*** for half an hour or so.

例(18)可译为"我们畅游了大约半个小时",nice是对游泳行为事件的评价。表移动的动词常与表方式的副词搭配,转换为名词后,搭配的副词也转化为对应的形容词,成为动转名词的定语,如下例:

(19) They had a ***<u>happy</u>*** walk together in the evening.

(20) Tom and Jerry had a ***<u>difficult</u>*** swim across the river.

例(19)可理解为"散步"是令人**愉快的**,也可以理解为以愉快的方式进行散步,同理,例(20)可以理解为"游过河"是**艰难的**,也可以理解为以艰难的方式游过河。不过从经验和体验角度来看,"愉快"或者"艰难"更倾向于对移动动作的心理体验,而非做这个动作的方式。

(二)语义分析

观察 have a $N(v)_{motion}$ 的语料，可以发现，动转名词在转化前所表示的移动动作都是可持续的，花费的时间和移动的距离成正比，如 walk、wander、stroll、run、swim 和 dance 等。这类动词的共性是移动，walk 是总称，wander、stroll 是不同方式的 walk，run 与 walk 的区别是速度，swim 的移动方式和环境与 walk 不同。dance 比较特殊，并不是所有的舞蹈都产生距离，这主要是因为 dance 有时间的概念，但没有目的地，移动一段距离不是跳舞的目的，跳舞也不是人类常见的移动行为，但跳舞行为的结果和过程都可以是“移动”。此外，表移动的动词只有一个参与者，该参与者既是动作的发出者，也是动作的影响者（消耗能量、使空间位置发生变化等）。这类动词都是不及物动词。有些动词发生次范畴变化，成为及物动词，但是这种变化往往导致语义内容发生变化，另外，由于这是一种引申用法，语义范围和搭配也会较窄，出现习语化现象，例如 to walk a dog 等。需要注意的是，发生变化后，该词就不再单纯表示移动了，也无法进入轻动词短语结构，例如 to have a walk of dog 是不符合语法规则的表达。

二、谈话类

谈话类动词 V_{talk} 在轻动词短语中十分常见，本书在 BNC 中共收集到 608 条相关语料①。这一统计结果与表移动类的情况略有不同。表移动类动转名词的特点是语义表“概括”的词是高频词（即 walk），信息含量高的具体动词（如 stroll）是低频词。表谈话类动转名词的情况是：俗语或者表非正式谈话的动词 chat（语义较为具体的“非正式闲谈”）和已经俚语化（隐喻化）的 row② 的使用频率较高，表辩论的概括性动词 debate 的使用频率较低。比较意外的是，表谈话的概括性动词 talk 的使用频率虽然相对较高，但不是最高的，比 chat 低很多。当然，并不是所有相关俚语都被高频使用，可能受限于 natter 自身的使用频率，have a natter 的使用频率远远低于同类的 have a chat。总结来讲，表谈话类的动

---

① 常见短语包括但不限于 have a chat/row/talk/debate/natter 等。

② row 的本义是“一行，一排”，引申义为“争吵（站不同队伍，意见相左）”。

转名词中，俗语和俚语的使用频率较高，这也侧面反映出含有表谈话类动转名词的轻动词短语多用于非正式交流的场合。

（一）句法搭配

谈话类动词在语义上一般涉及说话人、听话人、话题等语境因素，因此常见的句法结构包括“have a $N(v)_{talk}$ + ∅”和“have a $N(v)_{talk}$ + PP”这两种结构。

1. have a $N(v)_{talk}$ +∅

这种轻动词短语结构是一个独立结构，以最基本的形式单独做句法成分，表“谈话”这一事件。Wierzbicka(1982)认为，have a $N(v)_{talk}$ 是一种言语交互活动，说话人和听话人的参与是谈话活动能够发生的前提，其中一方即使不提供信息反馈，但至少要作为信息接受者参与谈话活动。见以下例句：

(21) They'll ***have a talk*** first and then Jim is going to have a swim with his brother.

(22) People would like to have a drink after work and ***have a chat***.

(23) On most weekends, my friends come and ***have a natter***.

(24) The husband and wife ***had a row***.

就语义而言，谈话这一行为不涉及能量传递，而涉及信息交换，也不涉及某人发出动作后另一个人受到该动作的影响而发生变化。因此，谈话行为的参与不强制要求进行主语和宾语或者施事和受事的区分。例(21)至例(24)中，谈话事件的参与者都由主语标识，这也是谈话类事件的特点。

2. have a $N(v)_{talk}$ +PP

轻动词短语 have a $N(v)_{talk}$ 单独出现时，仅表示发生了动转名词所表示的动作事件，如果要揭示更多的谈话事件信息，如参与者、谈话内容、时间等，则需要引入介词短语。见表 3.3。

表 3.3　have a $N(v)_{talk}$ 与介词短语搭配

序号	介词	功能及语义
1	with/to	引出对象或目标
2	about/on	话题
3	for	时间

have a $N(v)_{talk}$后的介词短语与 have a $N(v)_{motion}$ 后的情况完全不同，前者后面的 with(to)引出的名词是谈话事件的参与者，而后者引出的则不是——“移动”是一个行为主体发出的动作，不会有额外参与者。见以下例句：

(25) I'd like to ***have a talk*** with her.

(26) The teacher tended to ***have a chat*** to Linda.

(27) I thought my brother might ***have a natter*** with Jim or Tom.

(28) I've never ***had a row*** with my parents.

例(25)至例(28)中，介词 with 和 to 引介的名词和代词都是谈话的参与者，是动转名词 talk、chat、natter、row 带出的。to sb. 和 with sb. 的主要差别在于，to sb. 的话语传递方向是单向的，例(26)中 Linda 可以仅以听话人的身份参与谈话，然而，with sb. 则表示话语传递方向是双向的，无论是闲聊(chat/natter)还是争吵(row)，主语和介词宾语都有说话行为和听话行为。

谈话事件由谈话者、谈话行为和谈话内容构成，谈话内容不强制出现。如果谈话内容需要出现，则需要由介词 about 或 on 引介。实际上，about 和 on 一般用在动词或形容词的补足语中(Quirk et al.，1985)。本书分析主要涉及 about 和 on 在动词补足语中的情况。[①] 见以下例句：

(29) Let's ***have a talk*** about your score first.

(30) The parents ***had a row*** about their income.

(31) They have ***had a debate*** on the latest development of economy.

前文提到，谈话类轻动词短语中的高频动转名词主要表非正式的谈话行为，语料表明，带介词引入话题的一般表争论或者相对正式的谈话行为。本书并未在 BNC 中发现 have a natter about/on sth. 的例子，这可能是因为“闲聊”对于谈话主题的要求不严格，话题内容较为松散，话题转换很快、不够聚焦。“引入话题”本身就是动介搭配，因此，后接 about/on 是动转名词的残留的动词特性，about/on 对动转名词的依附性较强。

have a $N(v)_{talk}$ 后的介词短语如果是“for + time”，那么这一介词短语表达谈话事件的时长，是时间状语，与动转名词有语义逻辑关系。因为状语的特点

① 介词 about/on 常与表谈话的动词搭配以引出主题，例如“She is lecturing about/on new techniques of management.”。(Quirk et al.，1985)

之一就是对动词的依附性较弱,所以"for + time"在句法功能上仍是轻动词短语的状语,不能看作是动转名词的修饰成分。实际上,如果说话人刻意强调谈话事件的时长,则会选择表时长的形容词来修饰动转名词,因为形容词对于名词的依附性强于介词短语。试比较下例:

(32) They stopped and ***have a chat*** for 20 minutes.

(33) They ***had a chat*** for a long time.

(34) They had a ***long*** talk before the meeting.

(35) They had a ***brief*** talk before the meeting.

例(32)中的 for 20 minutes 表示谈话者(they)的谈话时长是 20 分钟。有趣的是,虽然字面意义似乎表明谈话者在这 20 分钟里不间断地谈话,实际上却不见得——即使谈话中有沉默,甚至沉默时间较长,我们仍会说"他们谈了 20 分钟话",可见"20 分钟"指的是整体的谈话事件,而非说话行为本身。同理,例(33)中的"谈了很久"也不是指说话行为本身,而是指这个谈话事件的时长。相比之下,"They talked for a long time."(他们说了很久)中,由于介词短语对动词友好,for a long time 更偏向于表示"说话"动作的时长。动词名词化使动作事件化,动作只是事件的一个构成部分,并非事件的全部,谈话的间歇(沉默)也是谈话事件的构成部分。例(34)与例(35)中,修饰谈话事件的时间时使用形容词而非介词短语,更像是说话人选择强调这一信息焦点——由于动名词已经将动作事件化,无论是介词短语还是形容词,表示的都是事件的持续时长,而不是谈话动作的时长。

(二)语义分析

从语义角度来看,V_{talk} 所指的是一段持续的谈话过程,进入 have a N(v)结构的常见谈话类动词包括 talk、chat、natter、row 和 debate。talk① 是表谈话的惯用词,可指谈话过程或信息交换过程,而不是指发声或某一瞬间性的说话行为,因此具有可持续性特征。相比之下,chat 和 natter 是不同方式的 talk:talk 可指正式和非正式谈话,而 chat 特指非正式谈话,natter 意为"唠叨;闲聊",与 chat

---

① Dirven et al.(1982)指出,talk 所指的谈话内容是一个完整的语篇(discourse as a whole),这从侧面反映了 talk 的持续性。

相比，随意性更为突出。row做名词时，本义是“划船”，“争吵”是引申义。debate做名词时指“（在公共集会上或议会里就某问题进行的、常以表决结束的）辩论”，或“（各自发表不同意见的）争论，讨论”，做动词时指“（尤指正式）讨论，辩论”。因为这类词都指过程而非一个瞬间性动作，所以都可以有时间修饰语。

从论元或主目角度来看，V_{talk} 事件或过程有三个论元，分别是说话人、听话人、谈话内容。由于谈话是双方（说话人、听话人）共同构建的过程，不是信息的单方向流动，talk允许说话人和听话人共同出现在主语位置，表“交谈”，例如“Ann and Joe aren't talking to each other.”中，Ann和Joe彼此既是说话人也是听话人，用to each other指出谈话双方的互动性。谈话事件并不要求谈话双方输出相等的信息量，因此允许其中一方是谈话主力，即有“一直说”型参与者，也有“一直听”型参与者。由于talk与chat有语义重合的一面，chat作为“非正式的聊天”，与talk一样，可以接with sb.、to sb.、about sth./sb.。相比之下，natter更加“非正式”，是方言变体，因其所指的谈话太过随意，很少有固定主题，所以不接to sb.和about sth./sb.，只接with sb.，表明natter事件由参与谈话的双方共同构建的特点。

“争吵”（row）、“辩论”（debate）与“谈话”在过程构建方面是一样的，都有三个论元，即说话人、听话人、谈话内容，事件过程是这三者共同构建的，不同的是，“争吵”和“辩论”中双方立场具有对立性，并且谈话内容具有冲突性。这种对立性和冲突性决定了双方信息输出量的均等性，或者说双方都会尽量让自己的信息输出量处于优势，因此，在形式上，“争吵”的双方可同时做主语，如果选择一方为视角，另一方则用with sb.引出，标识参与者在信息输出地位上的对等性，不会出现to sb.的情况。由于争吵和辩论都有主题，因而允许后接介词引出主题（on sth.）。

三、姿势类

姿势类动词 $V_{posture}$ 以SIT为代表，指保持某一姿势、处于某一状态或过渡到某一姿势，其对应的have a N(v)结构标注为have a $N(v)_{posture}$[①]。总体来讲，这

① 常见短语包括但不限于have a sit/sit down/lie down/sleep/rest等。

类词不多,带有此类词的轻动词短语的出现频率不是很高,其中 have a rest 的出现频率最高。严格来讲,rest 并不是“姿势”而是“状态”,也不是具体动作,而 sit、lie 是具体动作(由动作而来,保持某姿势)。与 rest 有类似含义的 sleep 既不是姿势也不是动作,也是一种状态,但由于睡眠时我们保持某一姿势,因而将其划入姿势类。

(一)句法搭配

通过语料观察可知,have a $N(v)_{posture}$ 在句法结构上常见以下两种情况:

1. have a $N(v)_{posture}+\varnothing$

实际上,轻动词短语结构单独使用的情况最为普遍,have a $N(v)_{posture}$ 的单独使用尤其高频。有趣的是,说话人使用该结构似乎并不是为了强调“事件”,而是为了强调“动作”,见以下例句:

(36) We'll get this sweatshirt done and then I'll be free. Please ***have a sit*** and have a cup of tea.

(37) They would like to stay and ***have a sleep***.

(38) Would you please ***have a sit down***?

(39) The doctor asked him to ***have a lie down***.

(40) They argued to ***have a rest***.

姿势是某一动作的结果,例(36)画线部分的意思是“坐”,“坐”是一个动作,“坐着”是结果;同理,例(37)画线部分中的“睡”是一个动作,进入睡眠状态后会保持某一姿势(睡姿)。例(38)、(39)中的画线部分是动词短语转名词,sit down 与 lie down 是整体转化的,不是分开的,可以看作是语块(chunk),这是高频搭配后词汇化的结果。例(40)中的 rest 并不是一个姿势或动作,而是一种状态,也可以理解为人们休息时的状态通常都是保持“坐姿”或“睡姿”。

2. have a $N(v)_{posture}$ + PP

因为姿势类轻动词短语不强调动作过程,而强调动作完成后的姿势状态,所以可以后接表时间长度的短语做附加语,表示该姿势的保持时间,见以下例句:

(41) He came in and ***had a sit*** for five minutes.

(42) The baby ***had a sleep*** for an hour.

(43) Would you like to ***have a rest*** for a while?

例(41)中的 sit 作为动作是瞬间性的，但是动作的结果是某一“坐姿”，是可持续的——可以保持或持续一段时间。入睡是瞬间性的，但是保持睡眠的状态是持续性的，有时间长度。相比之下，“休息”本身就是状态而非动作，自然可以和“一段时间”搭配。时间长度可以由介词短语引入，也可以由形容词表示，例如：

(44) Jimmy was very tired and ***had a long sleep.***

(45) He has been so tired lately so he decides to ***have a long rest*** in the afternoon.

例(44)和例(45)中，形容词修饰动转名词，描述该状态的时间长短。此外，黄和斌(2003)和 Dixon(2005)认为，“I had a long sit down.”也是可以接受的，但从语感上来看，该句有一些蹩脚。作为动词短语，sit down 更倾向于表示动作而非状态，状态是“坐下”的结果。实际上，本书在 BNC 中并未检索出“have a sit/lie down + for + 时间”的语料，但检索出了 have a sit/lie down in a minute 的语料，见例句(46)和(47)：

(46) Shall we ***have a sit down*** in a minute then?

(47) I'm going to ***have a lie down*** in a minute.

例(46)和例(47)中，in a minute 的意思是“马上，立即”，并没有“一段时间”的含义，sit down 与 lie down 倾向于表示动作，“马上做某动作”是可以接受的，与 sit/lie down 后加时间副词 now 的用法一致。见以下例句：

(48) I would like to ***have a lie down*** now.

(49) He's going to ***have a rest*** now.

(50) The children will ***have a sleep*** now.

例(48)—(50)中，now 意为“日前，此刻”，是“始动性副词”，换言之，是体现动词状态过渡性特征的副词(王逢鑫，1999)，与 in a minute 一样，表示从动作过渡到状态(姿势)。

(二)语义分析

从上文对 have a N(v)$_{posture}$ 的句法搭配分析可知，进入 have a N(v)结构的

姿势类动词的语义共性是施事通过完成一个瞬间性动作而进入某种状态或保持某一姿势，常见动词包括 sit、sit down、lie down、sleep 和 rest 等。sit 一般指 to rest your weight on your bottom with your back vertical, for example on/in a chair (将重心放在臀部，背部垂直，例如坐在椅子上)，说明 sit 是保持坐姿的过程，而 sit down 的释义是“坐下：从站立的姿势转为坐下的姿势”，说明 sit down 指的是“坐下”这个动作，然而考虑到“坐”这个动作与“坐姿”瞬间衔接与发生过渡，我们仍然可以用时间的长短来描述 have a sit down，但是该描述仅强调“坐姿”的持续时长。相比之下，sleep 和 rest 几乎没有动作过渡，“睡了”即进入睡眠状态，“开始休息”即进入休息状态，因此这两个词与表时间长短的附加语的搭配更为自然。

$V_{posture}$ 类动词都是不及物动词，动作发出者与承受者重合，即只有一个参与者，所以 have a $N(v)_{posture}$ 后加的介词短语只是时间状语，没有介词引介其他参与者的情况。由此可见，轻动词短语后加介词短语的结构在很大程度上受轻动词短语中动转名词的语义和句法性质的影响，这也是轻动词短语结构的独特之处。

四、身体清洁类

身体清洁类动词 V_{body}，准确来讲，以 SHOWER 为代表，指行为主体进行沐浴、刮胡子等使身体保持清洁、美观等的动作，对应的 have a N(v) 结构描写为 have a $N(v)_{body}$，本书在 BNC 中共检索到 379 条包含 have a $N(v)_{body}$ 的语料。[①] 需要注意的是，have a shower、have a bath、have a wash 的意义比较相近，都与“洗澡”有关：have a shower 表“淋浴”，have a bath 表“盆浴”，have a wash 则表一般的“沐浴”。

（一）句法搭配

由前文分析可知，轻动词短语后是否可以加介词短语，以及能够加哪一种类的介词短语，都受到轻动词短语中动转名词的影响。

---

① 常见短语包括但不限于 have a bath/shower/wash/shave 等。

1. “have a $N(v)_{body}$+∅”或“have a $N(v)_{body}$+with sb.”

表身体清洁类动词的语义非常特殊，施事执行动作，动作的影响对象是施事自己的身体或者身体部位，因此，have a $N(v)_{body}$ 单独使用的情况比较多。Wierzbicka (1982)在研究中发现，诸如“ * John had a wash ***of his hands.*** ”的语料不符合语法规则。在 BNC 中，被检索到的 have a $N(v)_{body}$ 加介词短语的例子中，$N(v)_{body}$ 后接的多为 with sb.，整个轻动词短语结构意为“与其他人一起梳洗”，但引入的参与者与身体清洁类动词无关。见以下例句：

(51) You'd better go and ***have a wash***.

(52) Tim will ***have a shave*** as soon as possible.

(53) Would you like to ***have a shower*** with daddy?

(54) Tom ***had a bath*** last night.

(55) Let's ***have a shower*** together.

实际上，并非身体清洁类动词不喜携带宾语，而是该类动词的宾语已经逐渐固化，shower(淋浴)也好，bath(盆浴)也好，清洗对象不言自明，shave[刮(胡子)]的宾语自然是“胡子”。此外，由于洗漱是比较私密的事情，加 with sb. 的例子也不是很常见。

2. have a adj. $N(v)_{body}$

洗漱行为是单个动作不断重复而构成的事件，每个动作都是瞬间性的，因此，后面加“for + time”的例子比较少见，相对常见的是用表事件长短的形容词修饰动转名词。动词名词化后，动作往往会事件化，一个事件的持续时间用形容词修饰比较恰当。见以下例句：

(56) She was very depressed and ***had a long bath***.

(57) She decided to ***have a quick shower***.

(58) Why don't we ***have a quick bath***?

(59) Tom ***had a quick wash*** and put on a nice shirt and hurried out for dinner.

(60) He decided to ***have a fast shave*** first.

身体清洁类动词自带“方式”，例如 bath 是盆浴、shower 是淋浴，做动作的方式自然影响与其搭配的形容词的语义类型。人们在比较着急的时候很少洗“盆浴”，因此 long bath 比 quick bath 更为自然、quick shower 比 long shower 更为合理。“刮胡子”往往与“快/慢”搭配，当然，quick shave 要比 slow shave 更为合适,比起 slow shave(慢慢地刮胡子),careful shave(小心翼翼地刮胡子)更为贴切。

(二)语义分析

通过语料观察可知,可进入轻动词短语结构中的表身体清洁类的动词是可重复的瞬间动作,身体清洁事件由这类动作多次重复而构成。需要注意的是,shower 和 bath 本来就是名词,分别指“淋浴器”和“浴缸”,用工具借代动作后转为动词“洗淋浴”和“洗盆浴”的意思。wash 是个上义词,具有概括性,意为“(没有具体方式的)洗浴”,shower 和 bath 是下义词,动作本身携带动作方式信息。shave 不是洗浴行为,而是除去体毛的行为,而这一行为在人类文化中也属于清洁身体类行为,不过这一动作的受事(动作对象)比较固定。身体清洁类动词的施事是动作的主要参与者,动作对象是另外一个参与者,但是由于动词和宾语的搭配非常固定,动作对象一般都被隐去。

五、感知类

感知类动词 $V_{perception}$ 以 LOOK 为代表,指用感觉器官主动感知外界事物刺激(王逢鑫,1999),对应的 have a N(v)标注为 have a $N(v)_{perception}$。本书在 BNC 中共收集到 2 485 条包含 have a $N(v)_{perception}$ 的语料。[①] 感知类动词非常特殊,动作发出者是感知者,虽然感知动作肯定要涉及感知对象,但是很多感知动词都是不及物动词,仅强调感知动作,例如 look 的英文释义为 to turn your eyes in a particular direction。下面具体分析感知类动词的句法搭配与语义特点。

(一)句法搭配

进入轻动词短语中做动转名词的感知类动词多为不及物动词,因此,“have a $N(v)_{perception}+\varnothing$”最为常见,即该轻动词短语独立使用。

1. have a $N(v)_{perception}+\varnothing$

独立使用是所有轻动词短语都允许的形式,包含感知类动转名词的轻动词

① 常见短语包括但不限于 have a look (at)/listen (to)/taste (of)/smell (of)/feel (of)。

短语在独立使用时强调施事执行感知动作。见以下例句：

(61) Let's ***have a look***.

(62) Would you please ***have a listen***?

(63) It looks good. Can we just ***have a smell***?

(64) ***Have a taste***, please!

(65) It looks thick. Let's ***have a feel***.

虽然同为不及物动词，感知类动词与移动类动词(如 run、walk)不同。移动类动词只有一个参与者，动作的发出者和受动作影响的对象是同一主体，而感知类动词则涉及感知者和感知对象两方主体①。含有感知类动转名词的轻动词短语结构中放弃出现感知对象的原因可能有两个：一是感知对象不重要，说话人不想说或者不愿说；二是感知对象是已知信息，交际各方都知道感知对象是什么。面对面交际中，说话人可以通过副语言(paralanguage)②，例如手势、眼神等，暗示感知对象，因而从语用经济角度来讲，感知对象无须提及。例(61)至(62)都是这种情况。

2. have a $N(v)_{perception}$ + prep. + sth.

Wierzbicka(1982)指出，感知者进行 have a $N(v)_{perception}$ 的目的是从感知对象身上获得一定的知识。感知类动词多为不及物动词，多以动介短语的形式出现。在这一特点的影响下，这类动词进入轻动词短语后，“have a $N(v)_{perception}$ + prep. + sth.”结构可以形成。见以下例句：

(66) Can I ***have a look*** at your passport?

(67) Can we ***have a listen*** to your demo?

(68) Have you ever ***had a taste*** of alcohol?

例(66)中的介词短语不是状语，状语与句子有关，但是 at sth. 来自 look，是动词词组 look at 的“后遗症”；同理，例(67)中的 to sth. 是 listen to 的“后遗症”。例(68)中的 taste 是连系动词(linking verb)，常用搭配是 taste of sth.，进入轻动词短语后，of sth. 自然保留下来。实际上，与其说是轻动词短语后加介词短语，不如说这类轻动词短语的结构本身就包括介词短语即动词短语转化的名词，

① 参考林正军(2011)对感知名词参与者的命名。

② 副语言，指在讲话中使用非言语成分如音高、音色、言语节奏、语调、表情和手势等，以加强语意或对话语的意义产生影响。(戴炜华，2007)

look at、listen to、taste of 整体转化为轻动词短语中的名词。这一解释的不合理之处在于介词后的名词并不固定,与上文类似结构的 have a sit down 的情况完全不同。这种情况也可以看作是转换不完全的结果——在转换过程中,转换前词类特点和转换后词类特点都产生影响,使转换结果与前后两者“像”而不同。

3. have a adj. $N(v)_{perception}$

感知类动词,尤其本书例句中涉及的可以进入轻动词短语中的感知类动词,都是瞬间性动词,没有“for+时间”的情况。在转化为名词后,动作的瞬间性导致事件过程短暂,本书未在 BNC 中发现 * have a long look/listen/smell/taste/feel (at)的例子,只在这类轻动词短语中发现了 brief、quick 等表现持续时间相对短暂的形容词,见以下例句:

(69) You'd better take some time to ***have a <u>brief</u> look*** at the picture.

(70) Let's ***have a <u>quick</u> look*** at the questions first.

(71) OK, let's ***have a <u>quick</u> listen***.

例(69)中比较有趣的是,上半句话意为“你最好花些时间”,下半句中的 brief 却表达“短暂”之意,实际上,汉语译文中往往省略 brief(这句话通常译为“你最好花些时间 <u>看一看</u> 这幅画。”)。例(70)与例(71)中使用 quick(快速的)来修饰 look(看)和 listen(听),同样体现了这两个动作的瞬间性。

(二)语义分析

感知类动词主要指感觉器官发出的感知动作,包括 look、listen、taste、smell、feel 等。感知类动词具有瞬间性特点,那为什么还可以有速度快慢和时间长短之分?以 look 为例。上文提到 look 表示的动作是 to turn your eyes in a particular direction(看,瞧,即“眼睛转向一个具体方向”),这是一个瞬间性动词,所以有速度快慢之分;这个动作完成后可以保持这个动作(姿势)或状态,所以有时间长短之分。严格来讲,眼睛保持看的动作是“盯”(fix one's eyes on),即 stare、gaze,也正因如此,have a look 中很少见到 long 来修饰,即可以“看一下”“看一小会儿”等等。

感知类动词可以有两个参与者,不过二者之间不是施事和受事的关系,而是感知者和感知对象的关系。严格来讲,感知对象并没有受感知动作的影响,在感知事件中的参与度不高。感知行为的主要目的是获得感知对象的信息或知识，而非对感知对象产生影响。感知类动词的差别在于感觉器官的不同，是sense（感觉官能）的具体动作，即“五感”（taste、smell、feel、look 和 listen）。

六、摄食类

摄食类动词 $V_{consumption}$ 以 DRINK 为代表，涉及人或动物摄入饮食的动作，对应的 have a N(v)结构为 have a $N(v)_{consumption}$。本书在 BNC 中检索到了 499 条包含 have a $N(v)_{consumption}$ 的语料。[1] 从收集到的语料可知，这类轻动词短语表“饮用”的最多，其他例子是方式不同的“进食”行为[bite 意为“咬(一小口)”、chew 意为“咀嚼，嚼碎，(为尝味道)不停地咀嚼”、lick 意为“舔，舔吃”、suck 意为“啜，含在嘴里吸食”]。

（一）句法搭配

摄食类动词都是及物动词。摄食事件有两个参与者，与感知类动词不同，摄食类动作可赋予参与者施事和受事两个语义角色，换言之，摄食对象是摄食行为的消耗品，受摄食动作影响。因此，常见的 have a $N(v)_{consumption}$ 形式包括“have a $N(v)_{consumption}$ +∅”和“have a $N(v)_{consumption}$ + PP”两种结构。

1. have a $N(v)_{consumption}$ +∅

所有的轻动词短语结构都可以单独使用，have a $N(v)_{consumption}$ 即可描述摄食事件。见以下例句：

(72) Would you like to ***have a drink*** first?

(73) We'll ***have a bite*** and be on our way.

(74) I'll think about it while I ***have a chew***.

(75) Let me just ***have a lick***.

(76) Why babies ***have a suck*** there?

以上例句的共同之处是只强调摄食行为，摄食对象被隐去。例(72)指饮用事件。摄食事件由系列动作构成，例(73)和例(74)中 bite 和 chew 是摄食事件中不同阶段的摄食行为，此处都指“吃饭”，可以看作是“提喻”，即用系列动作

① 常见短语包括但不限于 have a drink (of)/bite (of)/chew (of)/lick (of)/suck (of)等。

中的单一动作代替事件。例(75)和例(76)都是比较特殊的摄食行为,从社会习俗角度来看,lick 和 suck 都不是优雅的举动,BNC 中相关的例子较少(have a suck 只有 2 例,都是描述婴儿的喝奶行为)。

2. have a $N(v)_{consumption}$ + PP

摄食动作与摄食对象关系密切,所有摄食类动转名词后都可以加 of sth. 来引介摄食对象。见以下例句:

(77) We were going out and ***have a bite*** of lunch.

(78) Would your children ***have a drink*** of juice?

(79) The cow ***had a chew*** of grass just now.

(80) Jim ***had a lick*** of ice-cream and smiled.

(81) The baby stopped crying and ***had a suck*** of her bottle.

摄食类动转名词后用 of 引入摄食对象,这是摄食类动词是及物动词所导致的。相比之下,感知类动词是不及物动词,有固定的搭配介词来引介感知对象,因此感知类动转名词后的介词多种多样,具体使用哪个取决于感知类动词的固定搭配介词。摄食类动词是及物动词,转换成名词后使用的介词都是 of,由于 of 表示所属关系,of 短语与动转名词的关系更为密切。

摄食类动转名词后加除 of 短语外的其他介词短语时,例如 with sb.,该介词短语一般只做状语,换言之,只与轻动词短语有关系,与轻动词短语中的动转名词没有关系。例如"They just ***had a drink*** with me."中 with me 是伴随状语,并不直接修饰 drink。此外,本书未在 BNC 中发现"have a $N(v)_{consumption}$ + for time"的例句,这可能与摄食类动作的瞬间性有关。

3. have a adj. $N(v)_{consumption}$

摄食类动转名词可用形容词修饰,由于摄入食物事件是瞬间性动作叠加而成的,修饰摄食类动转名词的形容词一般是形容进食方式的 quick(很少有 slow)或者进食质量的 good(很少有 bad)。见以下例句:

(82) It is a good place to **have a *quick* drink** after work.

(83) We'll **have a *quick* bite** and be on our way.

(84) We **had a *good* drink** last night.

虽然修饰摄食类动转名词的形容词受该类动词的瞬间性特点影响,但同时也受事件化的名词特点影响。例(82)中的 quick 并不是指"喝"的动作快,而是指饮酒事件的持续时间短;同理,例(83)中的 quick 指吃饭事件的过程时间短(快);例(84)中的 good 指饮酒事件的质量高(句意为“我们昨晚痛快地喝了一顿”)。

(二)语义分析

摄食类动词描写摄取食物的动作,一般都是瞬间性的动作,但是这个动作可以叠加,构成摄食事件。常见摄食类动转名词包括 drink、bite、chew、lick、suck 等。摄食类动作都比较具体,词义中暗含“动作+方式”,具体摄食动作和摄食对象紧密相关。drink 的摄食对象是液体,固体无法通过 drink 动作摄取。suck 和 lick 也可以指摄取液体,尤其 suck 通常专指喝奶;理论上,动物摄取液体的方式可以是 lick,从身体构造来看,人类也可以 lick liquid,但是受社会文化习俗的约束,人类很少用 lick 动作摄取液体。需要注意的是 have a smoke,smoke 是名词转动词而非动词转名词,smoke 对应的摄取物非常固定,to smoke 与 to rain 一样,动作本身就包含了动作对象。不过,Wierzbicka(1982)认为,“John had a smoke of tobacco.”一句也是可以接受的。

黄和斌(2003)认为,chew 和 suck 包含不止一个动作单位,即不是“咀嚼一下”“吮吸一下”就完成的行为,而是通过重复动作来构成完整的摄食行为。动转名词在 have a N(v)结构中保留了这一特征。相比之下,bite、lick 表示一个动作单位,即瞬间性动作,转化成名词后在 have a N(v)结构中保留了这一特征,换言之,have a bite 与 have a lick 是瞬间性的,即“咬一下”“舔一下”。

不过,丁一(2013)认为,“一次体”可以衍生为“反复体”(iterative),即单次动作可以重复发生,也就是说,咬、舔动作可以重复——可以咬一下,也可以咬两下甚至多下,同样,可以舔一下、两下或多下。因此,have a bite 和 have a lick 也可以描述一段持续的过程,因为这两个摄食事件是动作叠加的结果。Wierzbicka(1982)指出这是短暂的持续过程,bite 或 lick 只是摄食事件中的一个动作(环节),代表“吃”(eat)是部分代替整体的提喻用法,因为要加上吞咽动作才能完成“吃”(eat)的动作,也正因如此,eat 不能进入 have a N(v)结构。

七、发声类

发声类动词 V_{sound} 以 CRY 为代表,指动作主体为表达情感、引起注意或因身体不适而发出声音(王逢鑫,1991),对应的 have a N(v)结构为 have a $N(v)_{sound}$。本书在 BNC 中共收集到 122 条包含 have a $N(v)_{sound}$ 的语料。[①] 从出现的频率来看,laugh 出现的频率最高,cry 其次,这可能是因为笑与哭是人类最常见的情绪。受到社会文化习俗和观念的影响,人们普遍认为 laugh(笑)表达积极情绪,限制其出现的语境数量和种类较少,因此 have a laugh 的使用频率最高;cry(哭,叫喊)表达负面情绪,限制其出现的语境较多,导致 have a cry 常见但使用频率不高。laugh 与 cry 能够进行情绪表达,而 cough(咳嗽)是一种比较特殊的生理现象,人们只有在某种生理不适的情况下才会咳嗽,所以 have a cough 的使用频率不高但比较常见。bark 一般表"(狗)吠叫",有时用于侮辱性隐喻,适用语境较少,因此 have a bark 可被接受但使用频率较低。

(一)句法搭配

发声类动词都是及物动词,只涉及声音发出者,动作本身和动作内容都在动词中,没有其他对象,因此包含发声类动转名词的轻动词短语单独使用的情况较多,表"发声事件"。

1. have a $N(v)_{sound}+\varnothing$

轻动词短语中的发声类动转名词是生理性的发声动作,原则上行为主体可以控制,但如果该生理反应太过强烈或突然,行为主体可能会被动做出发声动作(如"I couldn't help laughing aloud."意为"我忍不住大笑起来。"),Wierzbicka (1982)甚至认为发声者的发声行为是为了让自己感觉舒适一些。见以下例句:

(85) She rushed in and ***had a cry***.

(86) He only ***had a cough*** on Saturday morning.

(87) He ***had a laugh*** seeing them come in.

(88) Hi dog, come here and ***have a bark***.

从例句意思来看,发声类动转名词在轻动词短语中可指动作也可指动作事件。例(85)句意为"她冲了进来,然后哭了起来",have a cry 指向动作;例(86)句意为"他只在周六早上咳嗽了",have a cough 指"咳嗽"事件而不是瞬间性的"咳嗽"动作;例(87)句意为"看到他们进来,他笑了",have a laugh 指事件;例

---

① 常见短语包括但不限于 have a laugh/cry/cough/bark 等。

(88)句意为“嗨，小狗，过来叫一声”，have a bark 指动作。

2. have a $N(v)_{sound}$ + PP

情绪导致的发声动作可以有指向性，例如“对某人/某物笑或者哭喊或者吠叫”，非情绪原因的生理性发声动作如“咳嗽”则没有指向性。有指向性的发声类动词本身有固定的介词搭配，例如 laugh at 后接(嘲)笑对象、cry for sb./sth.或 cry about/over sth.后接哭喊的原因或者对象。见以下例句：

(89)I may ***have a laugh*** at them, if I have nothing else.

虽然在原则上，动介短语也可以通过动转名词过程进入轻动词短语，但是本书在 BNC 中检索到的例(89)中的 have a laugh at 比较多，并未检索到 have a cry 加介词搭配的情况。

发声类动词是比较特殊的生理现象，受到社会文化习俗限制，后加 with sb.的情况比较少，“与……一起笑/哭喊/咳嗽”不是不可以，而是有些违和、古怪，可以出现的语境比较少。此外，受发声动作自身特点的限制，这类轻动词短语后加表一段时间的状语的情况也比较少。从语料来看，have a cough 后有介词加一段时间的情况，见以下例句：

(90)When I came to think of it, he'd ***had a cough*** for some time.

例(90)中 have a cough for some time 表“咳嗽了一段时间”，“咳嗽”本身是瞬间性的，但是咳嗽事件由重复的咳嗽动作构成，因此咳嗽事件是可持续的，当然，咳嗽事件中的咳嗽行为可以是间歇性的，咳嗽了一段时间并不是说一刻不停地咳嗽。实际上，laugh、cry、bark 也有类似特点，但本书在 BNC 中并没有检索出支持语料。

3. have a adj. $N(v)_{sound}$

发声类动词表瞬间性动作，动作速度可以有快慢，动作方式在程度上可以有强弱，动作质量可以有高低，表发声事件时在时间上可以有长短，因此，发声类动转名词可以用形容词来修饰。见以下例句：

(91)He might have a good point. But that still doesn't mean he knows how to **have a *good* laugh.**

(92)As the girls **had a *loud* cry**, the super star smiled and waved back.

(93)If you won't stop smoking, you can only expect to **have a *bad* cough.**

从语料来看，修饰发声类动转名词的形容词以方式、质量、程度方面的含义为主。例(91)中 have a good laugh 可以理解为“开怀大笑”,good 表方式;例(92)中 have a loud cry 表示“尖叫”,loud 表方式;例(93)中 have a bad cough 意为“咳得厉害”,bad 表程度。理论上,have a loud bark 等形式是符合语法和逻辑的,但是本书在 BNC 中没有找到例证支持,表明这种说法不常用。

(二)语义分析

发声类动作的本质是一种生理行为,特点是瞬间性、可重复性和间歇性。一般来讲,发声主体是发声事件的唯一参与人,laugh、cry、bark 可以有指向性,cough 没有。

从定义可见,laugh 是瞬间性动作,可重复,laugh 事件可以是“笑一下”也可以是“笑几下”;受生理机制限制,laugh 不可能持续太久,只能短暂持续,但是这一动作有程度差别,可以“轻笑”也可以“大笑”;因为“笑”通常反映积极情绪,所以有 good laugh 但没有 bad laugh;“笑”的声音有高低之分,原则上有 loud laugh 但没有 low laugh,英语中“低声地笑”有专门的单词 chuckle,根据语用经济原则,若某意义有专门词汇表达,如非必要(例如有言外之意),不必采用复杂形式(词组)来表达这个意义。英语词汇组合性不强,同一语义场的词汇不是组合而来的,而是由不同词汇表达。

cry 或指流泪,或指哭喊,或指既流泪又哭喊。“流泪”动作是瞬间性行为,可重复,但单个流泪动作不能持续;“哭喊”动作可持续,但只能短暂持续。虽然 bark 在某种程度上也是“叫喊”行为,当狗做出吠叫行为时,每个行为单位持续的时间都不长,但重复频率高。同样地,cough 也是单个动作单位,持续时间短,重复频率高。[①] bark 和 cough 都有间歇性特点。这些语义特点在发声类动词转化为名词进入轻动词短语后,对轻动词短语结构都产生了一定影响。

结语

本章对从 BNC 中收集的 have a N(v)结构的语料中的动转名词根据语义进

① Taylor(2002)认为,have a cough 中的 cough 的转化前动词为可重复的“一次体”动词。张爱朴(2012)指出,在“John coughed.”一句中,cough 是一次体动词,即“只咳嗽了一次”,而在“John coughed for five minutes.”中,cough 是“反复体”动词,即“连续不断地咳嗽”,说明动词 cough 既是一次体动词,又具有可重复性特征。

行了分类，共得到 7 类动转名词：移动类、谈话类、姿势类、身体清洁类、感知类、摄食类、发声类。实际上，还有一些比较零散的、无法进行语义归类的动转名词，例如 have a try 中的 try、have a read 中的 read、have a think 中的 think 等没有在本章中进行分析。本书认为，这些零散的动转名词虽然无法归类，但是仍然受到进入轻动词短语结构的动转名词限制条件的限制，因此，它们将在后文中以验证对象的形式进行分析。

人们对于名词和动词在认知机制方面存在具体差异。通俗来讲，人们对于何为名物、何为动作行为，在认知上能做到显著区分，因此动转名词应该是有认知基础的。下文将以认知语言学理论中的“侧面-基体”理论为分析视角，讨论 have a N(v)结构中动转名词的特点，进而归纳出进入轻动词短语 have a N(v)结构的动转名词的认知机制。

第四章　动转名词 N(v)的“侧面-基体”分析

词汇范畴，如动词、名词等，传统语法称之为“语法结构”（grammatical construction），认知语言学家 Langacker（1987a）称之为“语义结构”（semantic structure）。认知语法，顾名思义，将语法研究置于认知框架下，认为不同的词汇范畴是不同的认知对象，或者说是人们对不同对象的认知反应，因此，认知语法分析是对词汇范畴的概念语义描写和分析。

一、“侧面-基体”理论

认知语言学，准确来讲，是一场“运动”（movement）而非具体理论，是在 20 世纪 70 年代认知心理学[①]的影响下，语法研究在视角上的转变。（Evans and Green，2006）认知语法研究认为，意义本身不是客观的，而是认知建构（construct）的结果，人们将认知对象进行认知加工并建构意义，换言之，意义是人们对认知对象的概念化加工结果。

所谓“侧面”（profile）和“基体”（base），是人们在认知过程中对认知对象的不同选择。世界纷繁复杂，人类受认知机能的局限，对认知处理对象的选择十分有限，认知器官把被选择的对象从众多认知对象中凸显（profiling）出来，其他对象则被模糊成背景（ground）或者基体。这一认知机制被折射到语言研究中，用来解释语言的语法现象。“侧面-基体”理论需要厘清以下概念：识解（construal）、认知域（cognitive domain）、侧面与基体。

（一）识解

认知语言学认为，决定意义的变量（variable）有两个：概念内容、认知方式。（王义娜、李亚培，2008）概念内容是认知对象本身固有的意义，认知方式指认知

① 该时期认知心理学的研究重点逐渐从外显行为转向内部的认知过程。（彭聃龄、张必隐，2004）

主体解读和建构认知对象概念意义的方式。语言表达与被认知的情景相关,不同的句子结构是人们对认知情景进行焦点调节(focal adjustments)的结果。选择某一特殊的焦点进行调节,将注意力(认知焦点)置于某一对象上(选择该对象为认知焦点),用语言形式将认知焦点组织起来进行描述,就是说话人对这一情景的识解。识解可以被认为是说话人选择包装和呈现概念表征的方式,它对话语在听话人头脑中唤起的概念表征产生影响。简言之,说话人将自身对认知对象的理解转化成语言表达形式,这个形式是说话人自认为最恰当或最准确的表征该现象或情景的语言形式,对听话人对该情景的理解产生影响。例如“George beat Bill.”描述的是一个打人事件或情景,说话人选择主动语态(George beat Bill.)或被动语态(Bill was beaten by George.)都是对该事件的一种识解,但两种识解的注意力(认知焦点)不一样,使听话人对该事件产生不同的理解。

(二)认知域

所有语言单位在一定程度上都是语境依存的(context-dependent),描述语义单位的语境称为“域”(domain)。“域”必须是认知实体,包括心理体验、表征空间、概念或概念综合体。大多数概念都是以其他概念为前提的,除非参考这些前提概念(无隐性或显性),否则无法对某个概念进行充分的定义。例如,“指节”这一概念的前提是“手指”的概念,没有“手指”这一整体概念,就无法解释作为部分的“指节”的概念。语义单位可以看作是认知单位,认知域是说明认知单位的情景或语境,最基本的认知域包括空间、视觉、温度、味觉、压力、疼痛和颜色,它们是人类最基本的感知经验。(Langacker, 1987a)具体示例见图 4.1。

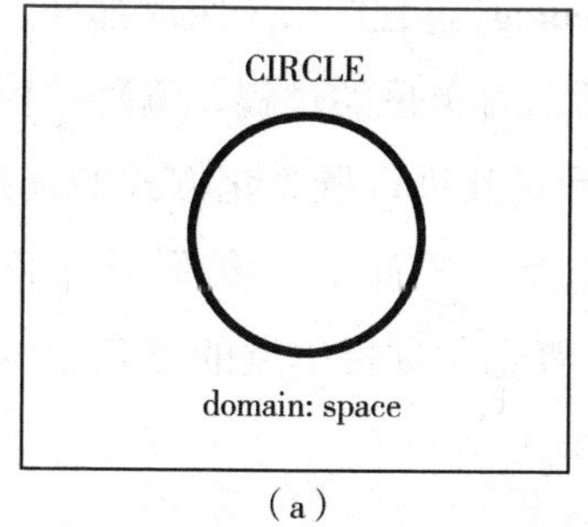

(a)

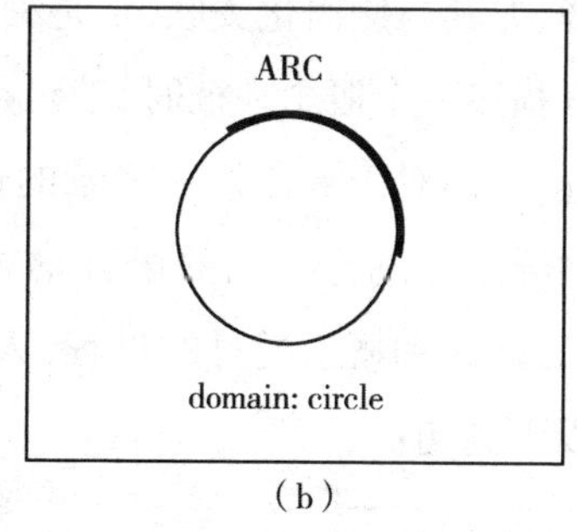

(b)

图 4.1 CIRCLE 与 ARC 的认知域和认知单位①

① 戴炜华,2007。

图4.1中,框表示域,粗线表示认知单位。图4.1(a)表示认知单位CIRCLE是在二维空间域中才呈现的特征,图4.1(b)中的ARC不是在二维空间中显现的特征,而是在CIRCLE(圆)的概念域中才呈现的特征。由此可知,CIRCLE是认知单位时,二维空间是它的认知域;ARC是认知单位时,CIRCLE是它的认知域。

(三)侧面与基体

人们在识解认知对象时,有三个变量会对焦点调节产生影响:选择(selection)、视角(perspective)、概念抽象(abstraction)。选择决定场景中的哪些方面与概念域的概念有关。识解的一个方面是对特定域的选择,例如close一词在不同的特定域中会被识解为不同的概念("George's flat is quite ***close*** to Tim's.",其中close表空间关系;"Lily and her cat are very ***close***.",其中close表情感关系)。识解的另一个方面是"侧面化"(profiling)[①]。Langacker(1987a)最初将"侧面化"称为"将域中的某个部分进行'概念凸显'"。侧面化涉及选择基体(base)的哪些方面(基体是理解单词含义所必需的概念实体)。**基体**是词汇形成语义结构的基础,是词汇单位在与之相关的认知域的覆盖区域(scope)[②],是词汇本身的概念内容(conceptual content)。**侧面**是基体的子结构(substructure),是基体中被凸显的部分,即被焦点化的部分。**侧面化**过程就是**凸显基体某一侧面的过程**,这一过程形成的语义结构就是"词"。

选择,尤其与侧面化关联时,是编码(coding)过程的一个组成部分。当人们想用语言描述一个概念表征时,编码是激活语言单位的过程。编码过程与识解紧密相连,人们对于解释某一情景的选择是对其进行概念化方式的选择,这就影响了对概念化进行编码的语言形式的选择。简而言之,**编码**是语言选择过程,是语言形式和概念配对的过程,人们对概念化进行解读的方式影响语言选择。见以下例句:

---

① 也有学者将profile译为"指向",将base译为"概念基"。(李福印, 2008)本书采用《认知语法基础.第一卷,理论前提》(兰盖克, 2013)中的译法,把profile称为"侧面",把base称为"基体"。

② 覆盖区域也称"辖域"。"辖域"指语义结构明确包含的那部分场景,即侧面化所必需的背景。(Langacker, 1987a)

(1) George threw a shoe at the TV and smashed it.

(2) George threw a shoe.

(3) George smashed the TV.

(4) The shoe smashed the TV.

(5) The TV smashed.

例(1)侧面化了整个事件，换言之，例(1)的覆盖区域与整个基体或背景重合。例(2)至例(5)分别侧面化或凸显了基体中的不同范围。例(2)凸显了事件的开始部分，例(5)凸显了事件的结束部分，例(3)抽象化(abstraction)了整个事件(省略细节)，例(4)中的工具(shoe)暗指施事(George)，参与者的选择是侧面化的结果。

二、动词与动转名词的“侧面-基体”

传统来讲，词汇范畴可以从语义、语法等角度给出定义，例如：名词是表示人、事物或概念的名称，语法特点是有数和格的屈折变化以及性的范畴，可与限定词连用，可被形容词和指示词等修饰，在句中可做主语、宾语以及宾语补足语；动词，从语义上讲，表示行为、事件和状态，从语法角度来看，动词在执行句中的谓语功能时常跟名词短语搭配，有时态、体、语态、语气、数、人称等语法范畴标记(戴炜华，2007)。认知语言学对于词类的划分基于范畴化视角(categorization)。词汇范畴的认知域由“区域”(region)和“关系”(relation)构成，区域由名词性述谓(nominal predication)和关系性述谓(relational predication)构成。动词是关系性述谓的一种。名词和动词是两种不同的认知过程，具有不同的“侧面-基体”特征。

(一)动词

广义来讲，语言表达的意义分为名词性述谓和关系性述谓，二者区别并不在于各自的内在内容(intrinsic content)[①]，而在于各自构建和侧面化(profile)的方式不同。(Langacker，1991a)名词属于名词性述谓，而动词属于关系性述谓，

① 例如 explode 与 explosion 的内在意义都是“爆炸，爆破”。

凸显过程。名词性述谓以一组设想的实体(概念实体)之间的相互联系为前提,并描绘由此建立的区域(region);关系性述谓以存在参与实体(概念实体)为前提,凸显(侧面化)实体之间的过程关系(process)或非时间关系(atemporal relation),前者是动词词类的语义特征,后者包含介词、形容词、副词、不定式、分词等。(Langacker, 1991b)①

需要说明的是,Langacker(1991a)认为不能将动词(过程关系)简单描述为凸显概念实体随时间分布的过程关系。"时间"实际上要区分构想时间(conceived time)和过程时间(processing time),前者指时间本身是概念化对象,后者指时间是概念化的媒介。人类对于概念实体、关系和时间的认知加工方式有两种:概括性扫描(summary scanning)和顺序性扫描(sequential scanning)。概括性扫描是对观察对象的积累性扫描,能形成静态认知表征,主要涉及非时间限制成分(介词、形容词、副词、不定式、分词等);顺序性扫描是对观察对象的有序扫描,扫描序列中的认知表象都是不同的,因此形成一个动态过程,主要涉及动词[限定动词(finite verb)]的认知表征。两种扫描的图示见图4.2。

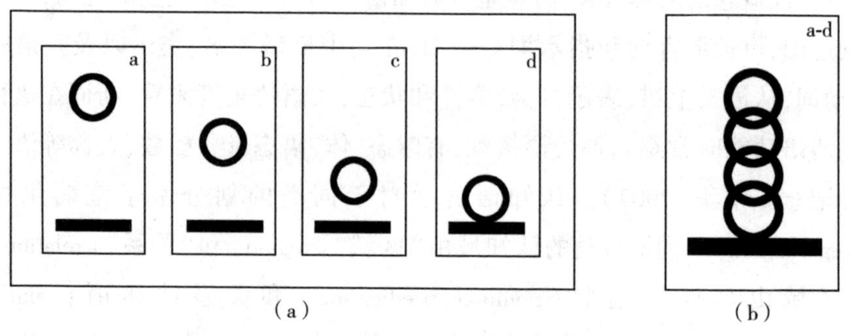

图4.2 顺序性扫描与概括性扫描②

图4.2(a)是顺序性扫描,认知对象在四个时间节点(假设的时间节点)中

---

① Most broadly, the meanings of linguistic expressions divide themselves into "nominal" vs. "relational" predications. A nominal predication presupposes the interconnection among a set of conceived entities and profiles the region thus established. Relational predications are divided into those that profile "process", and those that designate "atemporal relations". The set of processual predication is coextensive with the class of verbs. By contrast, atemporal relations correspond to such traditional categories as prepositions, adjectives, adverbs, infinitives, and participles. (Langacker, 1991b)

② Langacker, 1991b。

的位置(对照参照物)是不同的,这四个时间节点的扫描结果共同构成这一过程的认知表征,即图 4.2(a)。图 4.2(b)是概括性扫描,认知对象的变化以整体性或综合性方式进行扫描,构成一个复杂的、综合的、静态的概念表征。人们认知动词的方式基本是顺序性扫描模式。由以上分析可知,概念实体是动词的构成组件,组件在时间和空间构成的认知域中产生不同的状态(component state),组件及组件状态和关系共同构成动词的基体(base),动词凸显或侧面化(profile)动词语义所对应的组件状态及其对应的感知时间。本书将动词的“侧面-基体”图式表征为图 4.3[①]。

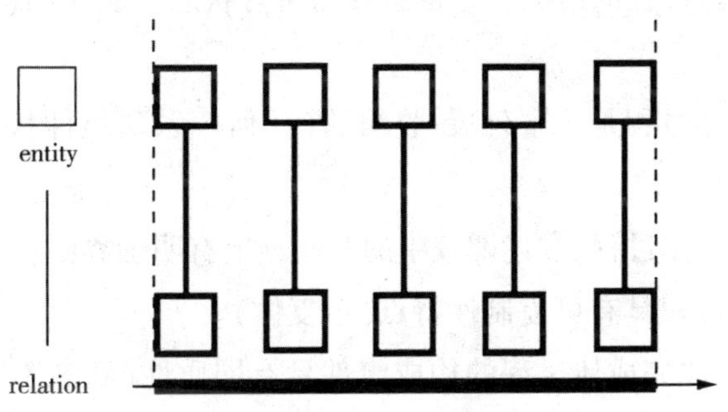

图 4.3　动词的“侧面-基体”模型[②]

图例:

1)□:实体(本图假设有两个参与实体)

2)|:实体之间的关系

3)→:时间轴

4)┆:表示时间侧面的界限

5)时间轴上的**加粗实线**表征组件状态侧面对应的感知时间侧面

6)加粗代表侧面化

如图 4.3 所示,动词的认知加工模式是顺序性扫描,本例中的概念实体是泛指,实体间的关系是变量,实体关系的重复是顺序性扫描的结果。理论上,顺序性扫描有起点和终点,即由时间构成的界,是否有界是动词完成体和非完成体的差别。完成体(perfective)过程描述的是状态随时间推移而变化的情况(例

① 本书“侧面-基体”图,除标注出处的,为本书研究成果,还可参见张悦琪(2020),个别图有修改。

② Langacker, 1987b。

如 jump、kick、arrive 等),而非完成体(imperfective)过程描述的是状态随时间推移而延长的稳定或静态情况(例如 have、know、want 等)。图 4.3 中侧面化的实体关系在时间轴上没有状态变化,即该状态随时间推移而延长或保持不变,因此是非完成体动词的情况。

完成体动词,顾名思义,有起点和终点,状态随时间变化而变化,因此从时间轴角度来看是有界的(bounded);非完成体动词,在时间轴上不显示状态变化,状态可延长,具有可持续性,因此"界"并不重要,图 4.3 中两侧的界用虚线表示。Langacker(1991a)将完成体动词和非完成体动词的特点总结为以下四点:

a. 非完成体过程的组成状态被解释为所有状态本质相同(即构成组件具有同质性特征);

b. 非完成体过程是无限延展/收缩的(任何一系列组件状态本身都是该类别的有效实例);

c. 一个完成体过程,在述谓域中的时间轴上有明确界限;

d. 完成体过程具有可复制性特点(重复体)。

概括来讲,非完成体过程的构成组件具有同质性(状态不随时间轴变化),非完成体过程本身没有界的限制,可以无限延展或者收缩;完成体过程有明确界限,整个过程具有可重复性(例如"He **jumped** **again and again.**")。见图 4.4 完成体动词和非完成体动词的"侧面-基体"模型:

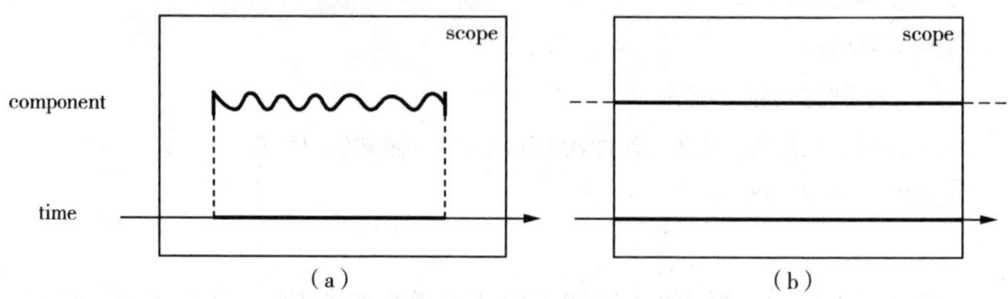

图 4.4 完成体动词和非完成体动词的"侧面-基体"模型①

图例:

1) ∿:变化的组件状态

2) ——:稳定的组件状态

① Langacker, 1991b。

3) ┆：时间侧面的界

图 4.4(a)描述完成体动词的“侧面-基体”模型，图 4.4(b)描述非完成体动词的“侧面-基体”模型。完成体动词描述的状态(概念实体关系的状态)随时间轴的变化而变化，因此用加粗波浪线表示，“时间轴+波浪线”表示顺序扫描过程，时间轴两侧有线段虚线来划分完成体过程的起始界限。图 4.4(b)中平行于时间轴的加粗黑线表示状态无变化的组件的顺序扫描结果，即非完成体过程的组件状态同质，并且没有起始时间界，可以无限延展或者收缩。

按照认知语言学范畴化理论的观点，一个范畴中有典型成员和非典型成员之分，认知范畴之间的界限比较模糊。虽然我们对完成体动词和非完成体动词的区别有明确描述，但是仍有小部分词兼具两个范畴的特点，例如 walk、sleep、swim 等词。这些词的组件状态是同质的，但是时间侧面却是有界的，Langacker 称之为“非典型完成体动词”(uncanonical perfective)。见图 4.5 典型完成体、非典型完成体、非完成体“侧面-基体”模型[①]：

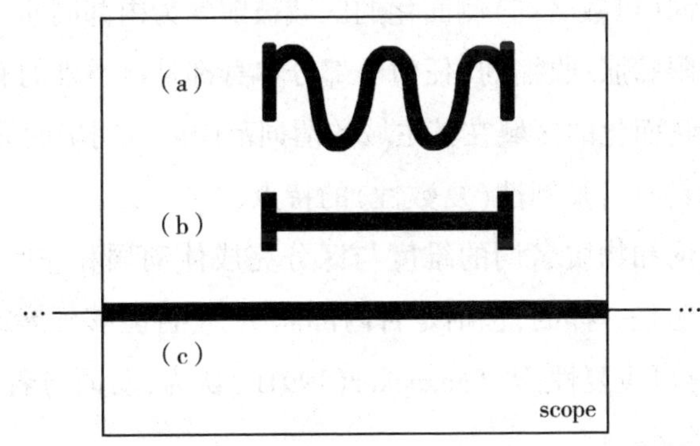

图 4.5 典型完成体、非典型完成体、非完成体“侧面-基体”模型

图 4.5 中，(a)和(b)是完成体动词：(a)类词是典型完成体动词，例如 jump，组件状态异质(组件随时间变化而变化)，有界限；(b)类词则是非典型完成体动词，例如 sleep，睡眠在本质上没有状态变化，即组件状态同质，但有时间界。图 4.5 中的(c)是非完成体动词，例如 resemble，组件状态同质(组

① Langacker, 1991b。

件在时间轴上无状态变化),无时间界。Langacker 的动词"侧面-基体"分析考虑动词的体、态差别,涉及两个变量,即组件状态和界:组件状态需要区分同质或异质,界指时间侧面是否有界。

(二)动转名词

如前文所述,动词和名词之间的区别在于侧面化的对象不一样,而不是语义内容不一样,因此,动词和名词之间具有词类转换的潜势。实际上,英语中名词转换为动词或者动词转换为名词的现象是非常常见的,例如:"He is going to ***author*** a new book."(名词转动词),"I'll have a good ***laugh***."(动词转名词)。名词表示某个认知域的区域,区域是相互关联的实体的集合。可数名词指"有界区域"(bounded region),即参与实体的数量不会无限延展,该区域被限定在其基本认知域的述谓范围内;物质名词(不可数名词)所指的区域没有被明确限定在其基本认知域的述谓范围内。① 名词的"侧面-基体"特征总结如下:

a. 由物质名词(可数名词)侧面化的区域被解释为内部同质;

b. 物质是无限膨胀/收缩的(任何子部分本身都是该类别的有效实例);

c. 可数名词侧面化的区域在其主域的谓词范围内有明确的界限;

d. 可数名词具有可复制性(复数性)的特点。②

区分可数名词和物质名词的维度与区分完成体动词和非完成体动词的维度所要思考的问题是一样的,包括是否内部同质、是否能够延展或收缩、是否存在界限、是否具有可重复性。③ Langacker(1991b)认为,动词与名词的"侧面-基体"存在类比关系:

---

① a. A "count noun" designates a region that is bounded within the scope of predication in its primary domain. b. A "mass noun" designates a region that is NOT specifically bounded within the scope of predication in its primary domain. (Langacker, 1991b)

② a. The region profiled by a mass noun is construed as being internally homogeneous. b. A mass is indefinitely expansible/contractible (any subpart is itself a valid instance of the category). c. The region profiled by a count noun is specifically bounded within the scope of predication in its primary domain. d. Replicability (pluralizability) is possible for count nouns.

③ a. The component states of an imperfective process are construed as all being effectively identical. b. An imperfective process is indefinitely expansible/contractible (any series of component states is itself a valid instance of the category). c. A perfective process is specifically bounded in time within the scope of predication. d. Replicability (repetitive aspect) is possible for perfective processes. (Langacker, 1991b)

a. 过程(动词)的组件状态(侧面化组件关系)与名词所侧面化的区域的构成成分(实体)有类比关系；

b. 就过程(动词)而言，时间是过程的首要认知域，与时间边界是否确定相关。①

基于上述理论，我们可以假设，在没有侧面化或凸显任何概念实体和关系的情况下，动词和名词的基础成分是一致的，各自不同的词性或词汇范畴是不同侧面化选择的结果，这是动转名词的认知基础。

根据“侧面-基体”原理，动转名词是其转化前动词的具象(reification)，是其转化前动词获得名词的概念语义特征，可以看作是取消对实体和过程的凸显，转而凸显区域。动词在语义上凸显过程，该过程由状态组件构成，这些状态组件在时间轴上的状态(有变化和无变化)通过顺序性扫描得以描述。我们可以将单个组件状态视为一个实体，顺序性扫描这些实体在时间轴上的状态，扫描结果叠加后组成一个区域，这个区域没有被凸显，因此是隐性区域(implicit region)。动词转化为名词的加工过程就是将动词的整个过程看作基体，将由顺序性扫描得到的结果构成的隐性区域侧面化为显性区域(explicit region)，同时，取消对原有的组件状态在时间轴上的凸显。动转名词过程的“侧面-基体”模型见图 4.6：

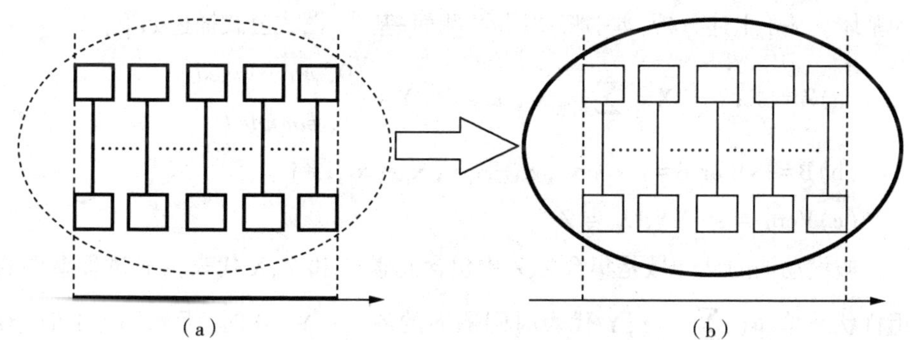

图 4.6 动转名词过程的“侧面-基体”模型②

① a. The component states of a process (each profiling a relation) are analogous to the component entities constituting the region profiled by a noun. b. For a process, time is a primary domain with respect to which the presence vs. the absence of bounding is determined. (Langacker, 1991b)

② Langacker, 1987b。

图例:

1)□:实体(本图假设有两个参与实体)

2)|:实体之间的关系

3)→:时间轴

4)┆:表示时间侧面的界限

5)…:顺序性扫描

6)◯:组件状态在认知域中投射的区域

7)时间轴上的加粗实线表征组件状态侧面对应的感知时间侧面

8)加粗代表侧面化

由图4.6可知,动词与名词的范畴差别实际上是认知主体对认知域的识解(construal)即对基体和侧面的选择上的差别,其原始的图式,即未凸显任何元素前的状态,是相同的。图4.6(a)是动词的"侧面-基体"图式,侧面化组件状态(内部关系);图4.6(b)是动转名词的"侧面-基体"图式,认知主体选择侧面化区域,取消认知域内的组件内容及其关系的凸显,使其成为基体。图4.6(a)与图4.6(b)之间的箭头表示"转换"。图4.6(a)中的椭圆表示由时间轴上的组件状态构成的区域,而动词不凸显区域,因此椭圆用虚线表示;图4.6(b)描述名词,凸显区域,椭圆得到加粗表示,而名词不凸显组件状态,因此小方框取消加粗标识,成为基体。基于上述分析,本书将动词的"侧面-基体"图式公式描述如下:

(a) $Z=\{X,Y\}$, $X=\sum_{i=0}^{n} x_i$, $x \in B$, $Y=\begin{cases}0, \textit{unbounded}\\ 1, \textit{bounded}\end{cases}$

(b) $B=\{x\}$ or $B=\{x_1, x_2, x_3 \ldots x_n\}$, $x_i \neq x_j, i \neq j$

(c) $\mathrm{Verb} = P(X)$, $X \in Z$

假设动词的认知域是集合Z,Z中包含元素X和Y,X代表构成过程事件的组件状态总和($\sum_{i=0}^{n}$),Y代表时间侧面的界——Y=0时,无界;Y=1时,有界。B代表组件状态集合,$B=\{x\}$表示组件状态同质,即平行于时间轴上的组件状态无变化,$B=\{x_1, x_2, x_3 \ldots x_n\}$表示组件状态异质,即组件状态随时间轴产生变化,or表示动词完成体和非完成体的区别。P代表侧面化,$\mathrm{Verb} = P(X)$意为动词侧面化组件状态总和。动词不指派述谓认知域中的区域,因此用虚线勾画该区域的界限轮廓,动词转名词后,组件状态的侧面化被取消,区域轮廓被侧面化，标注名词的词汇范畴特征。

三、动转名词 N(v)“侧面-基体”细化

如上文所示，动词与名词的语义内容不必有差别，具体的词汇范畴是对认知对象的选择。尽管如此，能够转换为名词并进入 have a N(v)结构的动词一定要有符合名词侧面和基体的潜势。下面对进入 have a N(v)结构的动词进行“侧面-基体”分析，以揭示这类动词的共性。

（一）移动类 N(v)

基于进入 have a N(v)结构的 V_{motion} 的句法语义特征分析，可以发现，walk、stroll、wander、swim、run、dance 这些 V_{motion} 描述的是在一段时间里，移动者在一定活动范围内的持续移动过程。Dixon(2005)认为，移动类动词即 V_{motion} 所指的移动活动发生的地方(移动范围)是否有语言形式表达并不重要，因为移动类动词预设移动方式和环境，如 swim 预设移动环境是水、walk 预设移动环境是陆地，鉴于此，本书 V_{motion} 的“侧面-基体”描写不再提及移动环境或范围。

如前文所述，Langacker(1991b)认为 walk、swim 是非典型完成体动词，不同于典型完成体动词(组件状态在时间轴上有变化)，这类动词在时间轴上的状态变化几乎为零(这一点与非完成体动词相同)，但是与典型完成体动词一样的是，**这类动词有界**。因此，根据动词的“侧面-基体”图式公式，移动类动词的公式描述如下：

(a) $Z=\{X,Y\}$, $X=\sum_{i=0}^{n} x_i$, $x\in B$, $Y=1$, bounded

(b) $B=\{x\}$

(c) $V_{motion}-P(X)$, $X\sqsubseteq Z$

移动类动词的认知域包括组件状态之和与界，组件状态同质($B=\{x\}$)，时间侧面有界($Y=1$)，侧面化内容为组件状态之和[$V_{motion}=P(X)$]。根据公式，我们可以推测出移动类动词的“侧面-基体”模型，进而依据动转名词加工过程原理，将顺序性扫描结果构成的隐性区域，即移动类动词的认知域，侧面化为显性区域，取消移动组件状态在时间轴上的凸显，见图 4.7：

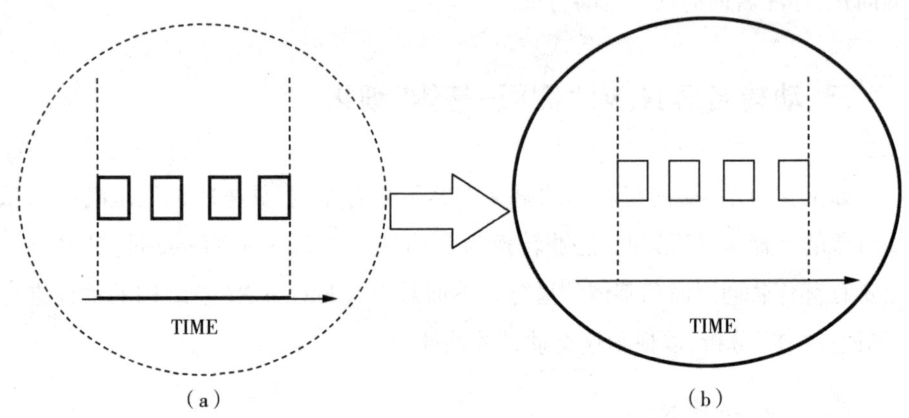

图 4.7 移动类动转名词的“侧面-基体”模型①

移动类动词只有一个参与者,因此图 4.7 中的组件中只有一个概念实体,在时间轴上对组件进行顺序性扫描,得到多个组件状态,这些组件状态没有变化,由此可知组件状态同质,时间侧面由线段状直线构成,表示有界。由于动词范畴侧面化组件状态,图 4.7 中组件状态黑线加粗。概括来讲,移动类动词的“侧面-基体”特征包括以下 5 点:**1)单个组件状态中只有一个实体;2)动作作用于该实体自身;3)时间侧面有界和组件状态被侧面化;4)组件状态同质;5)组件状态侧面不连续。**

(二)谈话类 N(v)

基于进入 have a N(v)结构的 V_{talk} 的句法语义特征分析,可以发现,talk、chat、natter、row、debate 等 V_{talk} 描述的是在一段时间内谈话者持续谈论并产生一定的谈话内容的过程。Halliday(1994)将其归类为言语过程(verbal process),即通过讲话交换或交流信息的过程。这类动词与 Langacker(1991b)讨论的非典型完成体动词类似,谈话类动词 V_{talk} 描述谈话过程(talk 描述一般性动作,chat、row 等词也描述谈话行为,只不过谈话内容和方式有所不同),同 walk 等词一样,谈话类动词不能以单个动作来清算动作状态,而是要观察过程状态。谈话

① 图例同图 4.6。

过程的内部状态的差异很小，甚至无限接近于零，因此可以看作是组件状态同质。**谈话事件有起始点，感知时间两端均有界。**鉴于以上特点，谈话类动词也是一种非典型完成体过程，“侧面-基体”公式与移动类动词的类似：

(a) $Z=\{X,Y\}$, $X=\sum_{i=0}^{n} x_i$, $x \in B$, $Y=1$, bounded

(b) $B=\{x\}$

(c) $V_{talk}=P(X)$, $X \in Z$

谈话类动词的认知域包括组件状态之和与界，组件同质（$B=\{x\}$），时间侧面有界（$Y=1$），侧面化内容是组件状态［$V_{talk}=P(X)$］。根据公式，我们可以推测出谈话类动词的“侧面-基体”模型，进而依据动转名词加工过程原理，将顺序性扫描结果构成的隐性区域，即谈话类动词的认知域，侧面化为显性区域，取消移动组件状态在时间轴上的凸显，见图 4.8：

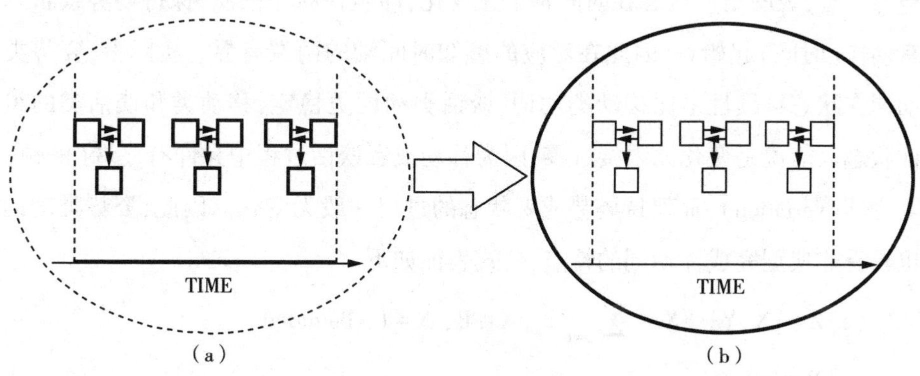

图 4.8　谈话类动转名词的“侧面-基体”模型

图例：

1) :单个组件状态

2) :谈话双方，双箭头表示双方的交流关系

3) :谈话内容

如图 4.8 所示，谈话类动词描述**谈话双方**①交换**谈话内容**的过程，单个组件

① 为方便起见，本书不考虑谈话人数，只将谈话事件参与者粗略划分为谈话双方。

状态由谈话双方、谈话内容以及相互关系构成，因为在谈话过程中，组件状态在时间轴上的状态变化几乎没有，所以组件状态是同质的，线段状直线表示时间侧面的界限。概括来讲，谈话类动词的“侧面-基体”特征包括以下5点：1)**基体组件状态中有三个实体；2)谈话双方通过谈话内容产生交互关系；3)时间侧面有界；4)组件状态同质；5)组件状态侧面不连续**。

（三）姿势类 N(v)

姿势类动词($V_{posture}$)的语义特征①是保持某一姿势(例如 sit、lie)或处于某一状态(例如 sleep、rest)，比较特殊的是动副短语 sit down 和 lie down 转化成名词的情况，这两个词组本身分别描述坐下和躺下的动作瞬间，是典型完成体过程(状态异质，时间侧面有界)，但是该短语进入 have a N(v)后指状态。保持姿势与状态，表明组件状态在时间轴上无变化，即组件状态同质，**保持姿势或状态有动作(时间)起始点，因此在对应的感知时间轴的两端有界**。实际上，姿势类动词在状态持续性上比移动类动词、谈话类动词更稳定，移动类和谈话类的组件状态只能说是变化无限接近零，因为移动或者谈话过程中允许有终端(停顿)等变项(variation)，而保持姿势或者状态的过程一般无变化。因此，姿势类动词也具有非典型完成体动词的特点，公式表征如下：

(a) $Z=\{X,Y\}$, $X=\sum_{i=0}^{n} x_i$, $x\in B$, $Y=1$, bounded

(b) $B=\{x\}$

(c) $V_{posture}=P(X)$, $X\in Z$

姿势类动词的认知域包括组件状态之和与界，组件状态同质($B=\{x\}$)，时间侧面有界($Y=1$)，侧面化内容是组件状态[$V_{posture}=P(X)$]。根据公式，我们可以推测出姿势类动词的“侧面-基体”模型，进而依据动转名词加工过程原理，将顺序性扫描结果构成的隐性区域，即姿势类动词的认知域，侧面化为显性区域，取消移动组件状态在时间轴上的凸显，见图4.9：

① 见第三章 $V_{posture}$ 的句法语义分析。

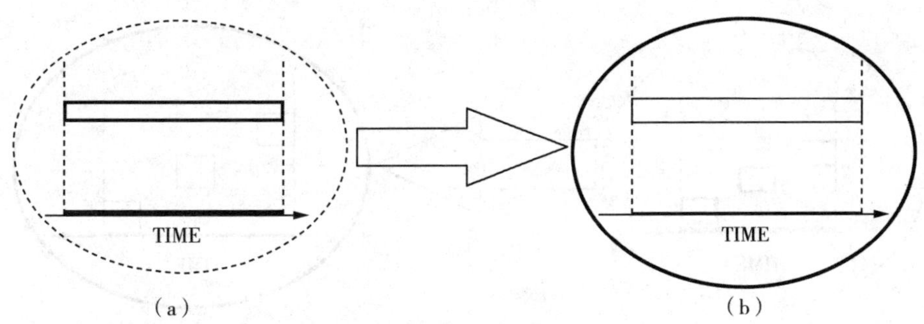

图 4.9 姿势类动转名词的"侧面-基体"模型(1)

姿势类动词只有一个参与者，动作过程是参与者保持某一姿势或状态，动作没有间断，单个组件呈连续延伸状态(长方形)，相比之下，移动类动词与谈话类动词在顺序性扫描中，单个组件均为独立状态。概括来讲，sit、lie、sleep 的组件状态均质，时间侧面有界。

BNC 中包含少量进入 have a N(v)的短语动词：sit down 与 lie down。由于副词的参与，词组语义的侧重点偏向"坐"或"躺"的动作过程，即由"非坐姿状态"过渡到"坐姿状态"以及由"非卧姿状态"过渡到"卧姿状态"。这些动作的特点是组件状态异质，动作连贯且持续时间短暂，可以看作是典型完成体过程，公式表征与姿势类动词在组件集合成员特点上有差别：

(a) $Z=\{X,Y\}$, $X=\sum_{i=0}^{n} x_i$, $x \in B$, $Y=1$, bounded

(b) $B=\{x_1, x_2, x_3 \ldots x_n\}$, $x_i \neq x_j$, $i \neq j$

(c) $V_{sit/lie\ down}=P(X)$, $X \in Z$

姿势类短语动词的认知域包括组件状态之和与界，组件状态异质($B=\{x_1, x_2, x_3 \ldots x_n\}$)，时间侧面有界($Y=1$)，侧面化内容是组件状态[$V_{sit/lie\ down}=P(X)$]。根据公式，我们可以推测出姿势类动词的另一个"侧面-基体"模型，进而依据动转名词加工过程原理，将顺序性扫描结果构成的隐性区域，即姿势类短语动词的认知域，侧面化为显性区域，取消移动组件状态在时间轴上的凸显，见图 4.10：

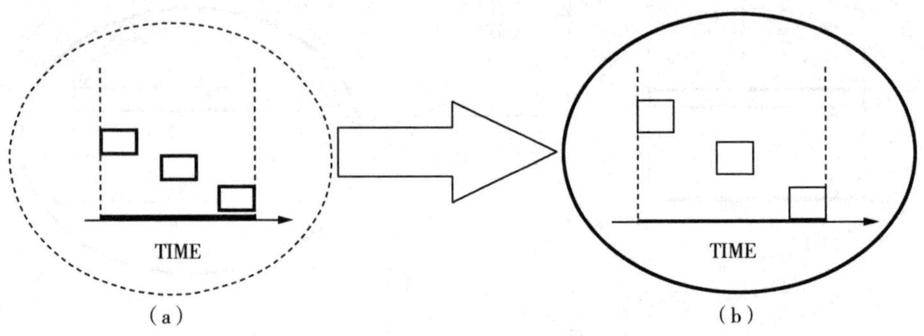

图 4.10 姿势类动转名词的"侧面-基体"模型(2)

如图 4.10 所示,姿势转变过程是主体与参照物之间的位置和距离的变化,组件在时间轴上的变化成异质状态,动作有始有终,时间侧面有界。

概括来讲,姿势类动词描述保持某一姿势或处于某一状态,"侧面-基体"特征包括以下 5 点:**1)组件状态中有一个实体;2)动作作用于该实体自身;3)时间侧面有界;4)组件状态同质;5)组件状态侧面连续**。姿势类短语动词描述过渡到某一姿势的过程,"侧面-基体"特征包括以下 5 点:**1)基体组件状态中有一个实体;2)动作作用于该实体自身;3)时间侧面有界;4)过渡组件状态与最终组件状态异质;5)组件状态侧面不连续**。姿势类动词符合非典型完成体动词特征,而姿势类短语动词符合典型完成体动词特征。

(四)身体清洁类 N(v)

由第三章中对身体清洁类动词(V_{body})的语义分析可知,这类动词与移动类动词在概念上有一定的相似性——都是由单个动作构成的整体事件,观察移动过程或身体清洁事件不是看单独的动作而是看主体的动作状态。wash、shower、bath 事件中,动作主体在该事件对应的时间轴上一直处于身体清洁状态,shave 也是这样,只不过动作是"刮",动作对象是"胡子"。**身体清洁动作不可能一直持续,因此该行为可以构成一个整体事件,在时间轴上有界**。综上所述,身体清洁类动词与移动类动词的"侧面-基体"的描写公式一样:

(a) $Z=\{X,Y\}$, $X=\sum_{i=0}^{n} x_i$, $x \in B$, $Y=1$, bounded

(b) $B=\{x\}$

(c) $V_{body} = P(X),\ X \in Z$

身体清洁类动词的认知域包括组件状态之和与界，组件状态同质（$B = \{x\}$），时间侧面有界（$Y = 1$），侧面化内容是组件状态［$V_{body} = P(X)$］。根据公式，我们可以推测出身体清洁类动词的“侧面-基体”模型，进而依据动转名词加工过程原理，将顺序性扫描结果构成的隐性区域，即身体清洁类动词的认知域，侧面化为显性区域，取消移动组件状态在时间轴上的凸显，见图4.11：

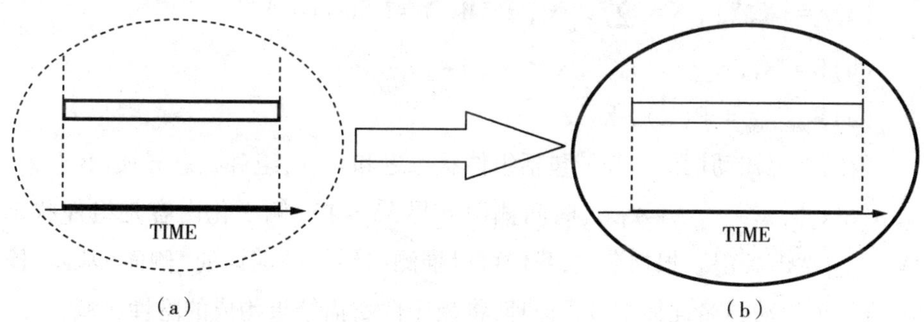

图4.11　身体清洁类动转名词的“侧面-基体”模型

图4.11与图4.9在构成上类似，但是在内涵上有差别。姿势类动词只有一个参与对象，而身体清洁类动词都是及物动词，有两个参与者。姿势类动词描述的（保持）姿势事件，有施事，即动作发出者，逻辑上也有受事，受事是施事本身，施事发出的力或能量作用在自身，使自身保持某一姿势或状态。与之类似的是，身体清洁类事件中施事的动作也作用于自身（身体部位），因此在本质上与姿势类事件相同。

概括来讲，身体清洁类动词描述一个由单个动作构成的持续过程，“侧面-基体”特征包括以下5点：1)**基体组件状态中有一个实体；2)施事发出的动作作用于自身（身体部位）；3)动作时间侧面有界；4)组件状态同质；5)组件状态侧面连续。**

（五）感知类N(v)

由第三章中对感知类动词（$V_{perception}$）的语义分析可知，感知动作与人类五感有关，是人类的感觉器官在某一瞬间或短时间内做出的感知动作或感知行为。

1. 瞬间性感知类动词

感知事件的动作发出者是感觉器官，动作不易观察，感觉器官感知到感知对象的瞬间就完成了感知动作，动作短暂但是有始有终。如果对瞬间感知事件进行顺序性扫描，我们会发现动作主体本身没有变化，但是感觉器官有变化：未**感知状态—感知—感知完成，因此组件状态有变化，即组件状态异质，这一动作虽然短暂但是有界**，公式表征如下：

(a) $Z=\{X,Y\}$, $X=\sum_{i=0}^{n} x_i$, $x\in B$, $Y=1$, bounded

(b) $B=\{x_1, x_2, x_3 \ldots x_n\}$, $x_i\neq x_j$, $i\neq j$

(c) $V_{perception}=P(X)$, $X\in Z$

瞬间性感知动词的认知域包括组件状态之和与界，组件状态异质（$B=\{x_1, x_2, x_3 \ldots x_n\}$, $x_i\neq x_j$, $i\neq j$），时间侧面有界（$Y=1$），侧面化内容是组件状态［$V_{perception}=P(X)$］。根据公式，我们可以推测出感知类动词的“侧面-基体”模型，进而依据动转名词加工过程原理，将顺序性扫描结果构成的隐性区域，即瞬间性感知动词的认知域，侧面化为显性区域，取消移动组件状态在时间轴上的凸显，见图 4. 12：

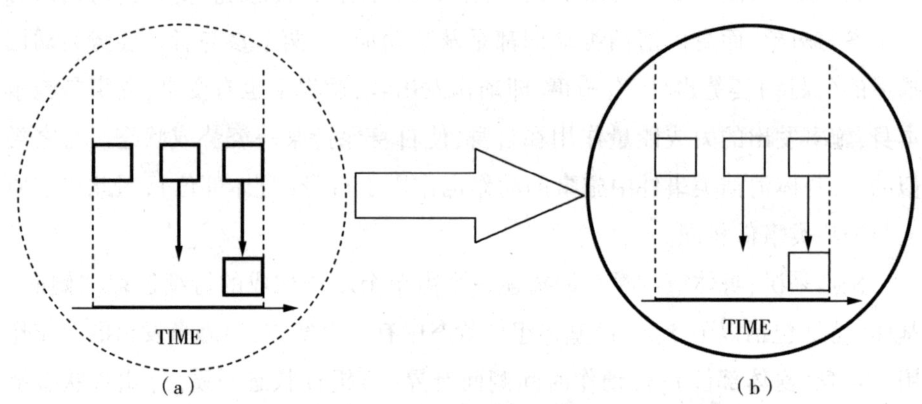

图 4. 12　瞬间性感知类动转名词的“侧面-基体”模型

由图 4. 12 可知，瞬间性感知类动词有两个参与实体（或两组参与实体）：感知者与感知对象。感知过程是从未感知状态过渡到感知进程到最后感知到感知对象，组件状态异质，是典型完成体动词。

2. 持续性感知类动词

需要指出的是，感知行为虽然可以瞬间完成，但并不意味着会瞬间结束。

相反,感知行为可以保持持续状态,**这与表移动类动词、姿势类动词、谈话类动词的情况类似,即组件状态的顺序性扫描可呈现为多个组件的叠加,投射到时间轴上的感知时间表现为时间段,因此有界**,组件状态之间的变化无限接近于零,“侧面-基体”模型见图 4.13：

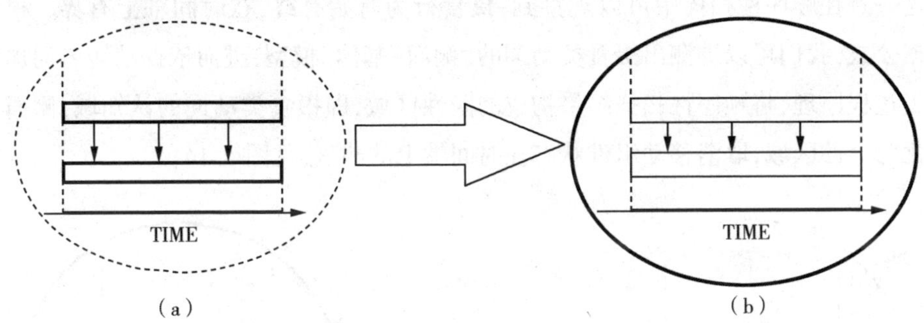

图 4.13　持续性感知类动转名词的“侧面-基体”模型

图 4.13 中,实体呈连续状态,即感知者和感知对象的关系在时间段中保持不变,因此用长方形表示。基于以上分析,感知类动词的“侧面-基体”特征包括以下 5 点:1)**基体组件中包括两个实体;2)心理过程,有感知对象,但感知结果作用于感知者自身;3)时间侧面有界;4)瞬间性感知类动词的组件状态异质,持续性感知类动词的组件状态同质;5)组件状态侧面连续。**

(六)摄食类 N(v)

由第三章中对摄食类动词($V_{consumption}$)的语义分析可知,这类动词分别描述不同方式的进食(水)行为:有些方式表瞬间进食动作,例如 lick、bite 等;有些方式表连续进食过程,例如 chew、drink、suck 等。

1. 瞬间性摄食动词

从语义角度来看,lick 和 bite 是瞬间完成的动作,这一点虽然与瞬间性感知动词类似,但是瞬间性摄食行为比瞬间性感知动作更易于捕捉,换言之,瞬间性摄食行为动作是饮食器官完成的,是可观察的,动作过程包括:未摄食—摄食进行—完成动作。瞬间性摄食动词的公式如下:

(a) $Z=\{X,Y\}$, $X=\sum_{i=0}^{n} x_i$, $x \in B$, $Y=1$, bounded

(b) $B=\{x_1, x_2, x_3 \ldots x_n\}$, $x_i \neq x_j$, $i \neq j$

(c) $V_{consumption} = P(X),\ X \in Z$

瞬间性摄食动词的认知域包括组件状态之和与界,组件状态异质($B=\{x_1, x_2, x_3 \ldots x_n\}, x_i \neq x_j, i \neq j$),时间侧面有界($Y=1$),侧面化内容是组件状态[$V_{consumption} = P(X)$]。在摄食类动词描述的摄食过程中,摄食对象是被消耗的,这一点在顺序性扫描中可以观察到,**摄食行为有始有终,在时间轴上有界**。根据公式,我们可以推测出摄食类动词的"侧面-基体"模型,进而依据动转名词加工过程原理,将顺序性扫描结果构成的隐性区域,即摄食类动词的认知域,侧面化为显性区域,取消移动组件状态在时间轴上的凸显,见图 4.14:

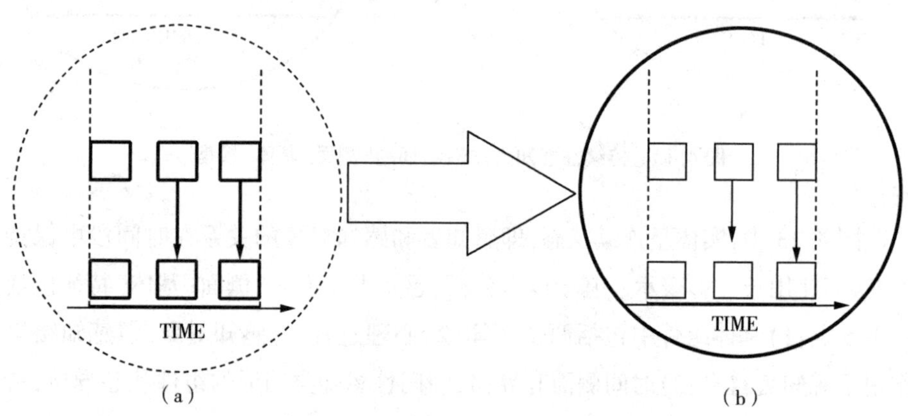

图 4.14 瞬间性摄食类动转名词的"侧面-基体"模型

由图 4.14 可知,瞬间性摄食动词有两个实体,即摄食者和摄食对象,动作过程的持续时间虽然短暂,**但是动作有始有终,时间侧面有界**,动作状态有变化,组件状态异质。这符合典型完成体动词的特点。按照 Langacker(1987b)对完成体动词的描述,瞬间性摄食动作是可重复的,动作与动作之间有间隔,见图 4.15:

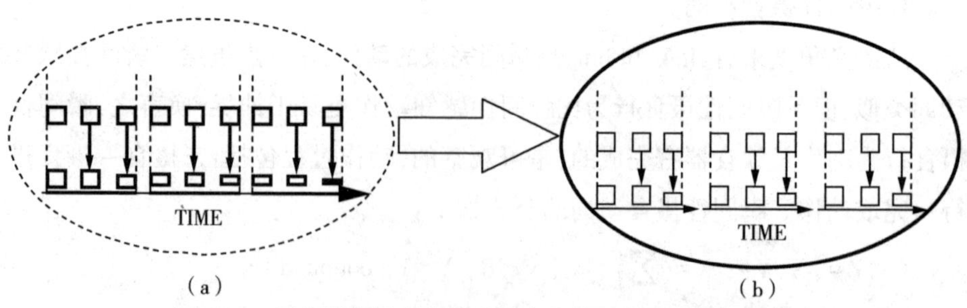

图 4.15 重复瞬间性摄食类动转名词的"侧面-基体"模型

摄食类动作比较特殊，摄食对象始终处于被消耗状态。理论上，重复动作中动作主体的动作状态没有改变，但是摄食对象始终在变化，直至被完全消耗。感知动词可“保持”主要指该动作没有间断，瞬间性摄食动作可“重复”主要指“咬”(bite)和“舔”(lick)的动作与动作之间有明显间隔，时间轴上的感知时间线呈间断状态，即一下又一下地“咬”或“舔”。具有可重复性的特点使这两个动词在转换为名词后可做可数名词，例如“He took a few bites / licks.”(他咬/舔了好几下)。因为动作间断明显，所以在时间轴上的感知时间投射不连续，每个单独组件对应一个时间点。

2. 持续性摄食动词

从语义角度来看，suck、chew 和 drink 所描述的动作并不强调动作瞬间完成，而是强调动作的持续过程，例如：chew 的解释是 to bite food into small pieces in your mouth with your teeth to make it easier to swallow(在嘴里用牙齿将食物咬成小块以便吞咽)，suck 的解释是 to take liquid, air, etc. into your mouth by using the muscles of your lips(用嘴唇肌肉将液体、空气等吸入嘴中)。这类动作可以在短暂时间内保持，但作为事件，**在时间轴上有界**。持续性摄食动词的动作状态虽然在连续性和持续性上不如感知类动词，但变异无限接近于零(这一点与移动类动词、谈话类动词类似)，因此组件状态均质，公式表征如下：

(a) $Z=\{X, Y\}$, $X=\sum_{i=0}^{n} x_i$, $x \in B$, $Y=1$, bounded

(b) $B=\{x\}$

(c) $V_{consumption}=P(X)$, $X \in Z$

持续性摄食过程有两个参与者，即摄食者和摄食对象，动作并非瞬间完成，而是连续的过程，见图 4.16：

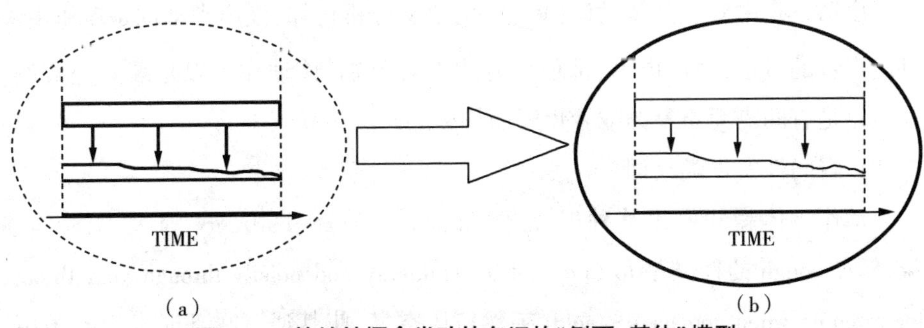

图 4.16 持续性摄食类动转名词的“侧面–基体”模型

如果考虑到摄食对象在摄食过程中的变化,持续性摄食动作组件状态是有变化的,但是如果只观察摄食主体,将摄食对象当成参照物,那么主体的动作状态就没有变化,可视为组件状态同质,组件侧面连续。鉴于“吸取”“咀嚼”“饮用”过程在正常状态下持续性较强,不强制要求间隔或间断,因此,图 4.16 将其描述为组件状态连续的情况(顺序性扫描结果中的实体呈连续状态),在时间轴上投射的感知时间呈连续状态。

需要单独讨论的是当 drink 特指“喝酒”的时候,have a drink 实际上不单纯指代“喝酒”这个动作或过程,而是“喝酒”这个社交事件,它与喝多少酒、是不是一直喝都没有关系。“喝酒”只是这个事件当中的一个环节,have a drink 可以看作是借代用法,即部分代替整体的用法。

此外,smoke 也需要单独考虑。smoke 到底是动词转名词还是名词转动词的问题姑且不论,在 have a smoke 中,惯性思维会使我们认为 smoke 是动转名词。“吸烟”是非常特殊的“摄食”行为,更确切地讲,“吸烟”是摄取行为。这一动作在方式上受限于摄取器官和摄取对象,它既不是瞬间完成的也不是持续完成的,而是断断续续完成的,但是单个动作也可称为 have a smoke(吸了一口烟)。

由上述分析可知,摄食类动词的“侧面-基体”特征包括以下 5 点:**1)组件由两个实体构成;2)摄食者与事物有交互关系;3)时间侧面有界;4)瞬间性摄食类动词组件状态异质,持续性摄食类动词组件状态同质;5)瞬间性与重复摄食动作组件状态侧面不连续,持续性摄食动作组件状态侧面连续。**

(七)发声类 N(v)

由第三章中对发声类动词(V_{sound})的语义分析可知,发声类动词是动作主体发出声音的过程,发声原因、部位和方式上有差别,该动作可以是瞬间完成的,也可以是有间隔而重复的或者短暂而持续的。

1. 瞬间性发声类动词

动作主体瞬间发出某种声音,例如 cough、laugh、bark、cry 等,强调动作本身,例如 cough 的释义是 to force out air suddenly and noisily through your throat, for example when you have a cold(突然挤压空气,使其通过喉部时发出吵闹声,

例如当你感冒的时候)，因此与瞬间性感知类动词和瞬间性摄食类动词一样，动作状态顺序性扫描的组件是有变化的异质状态，**动作短暂，有始有终，时间轴上有界**，公式表征如下：

(a) $Z=\{X,Y\},\ X=\sum_{i=0}^{n} x_i,\ x\in B,\ Y=1$, bounded

(b) $B=\{x_1,\ x_2,\ x_3 \ldots x_n\},\ x_i\neq x_j,\ i\neq j$

(c) $V_{sound}=P(X),\ X\in Z$

瞬间性发声类动词的认知域包括组件状态之和与界，组件状态异质($B=\{x_1,\ x_2,\ x_3\ldots x_n\}$)，时间侧面有界($Y=1$)，侧面化内容是组件状态[$V_{sound}=P(X)$]。根据公式，我们可以推测出发声类动词的“侧面-基体”模型，进而依据动转名词加工过程原理，将顺序性扫描结果构成的隐性区域，即瞬间性发声类动词的认知域，侧面化为显性区域，取消移动组件状态在时间轴上的凸显，见图 4.17：

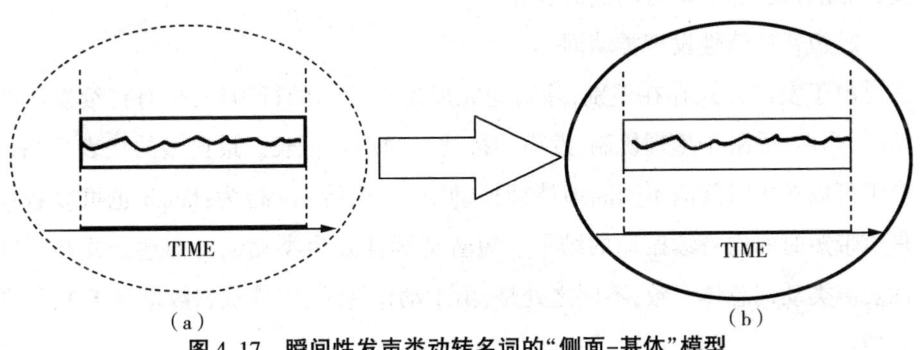

图 4.17 瞬间性发声类动转名词的“侧面-基体”模型

图例：～：变化

发声行为只有一个参与者，一般为不及物动词，发声行为主体在发声过程中产生的动作变化在图 4.17 中用曲线表示，发声主体在顺序性扫描下侧面呈连续状态，但是内部发声动作有变化，因此组件状态仍为异质。发声行为虽然短暂，但是有始有终，时间侧面有界。这符合典型完成体动词的特点，因此，瞬间性发声类动词是典型完成体动词。

与前文讨论的瞬间性摄食类动词一样，瞬间性发声类动词 bark、cough 也是有间隔、可重复的，见图 4.18：

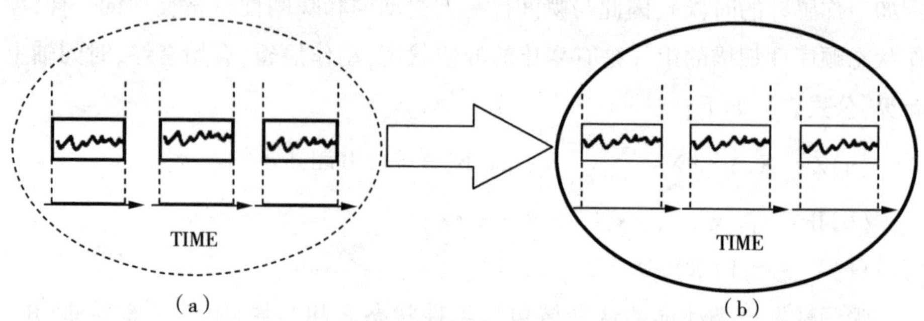

图 4.18　重复瞬间性发声类动转名词的"侧面-基体"模型

重复瞬间性发声动作,组件顺序性扫描结果呈现为多个组件状态,组件状态之间的间隔虽然短暂,但是很明显,因此在时间轴上的投射表现为不连续的时间点。**瞬间性发声行为虽然可以重复,但是受限于生理机制,不可能无限重复,因此有起始点,即时间侧面有界。**

2. 短暂持续性发声类动词

由于发声方式存在差别,除瞬间完成发声动作的行为外,也有持续发声的情况,当然,受限于生理机制,发声的持续时间不会很长。最典型的代表是 cry,声带可以在短时间内不间断地持续振动,从而保持 cry 行为;laugh 也可以看作是声带短时间内持续振动的结果。短暂持续性发声类动词的描述公式与瞬间性发声类动词总体一致,不同之处是,由于动作持续,组件状态数量等于 1,见图 4.19:

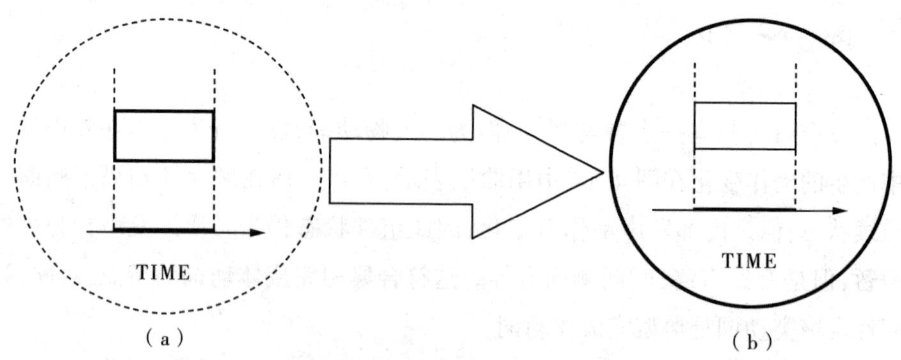

图 4.19　短暂持续性发声类动转名词的"侧面-基体"模型

持续发声状态下，发声主体稳定保持某一状态，因此顺序性扫描结果中实体状态相连，投射在时间轴上的感知时间为连续的时间段，受限于生理机制，主体无法无限持续发声状态，因此时间侧面有界。

由上述分析可知，发声类动词的“侧面-基体”特征包括以下5点：1)组件由一个实体构成；2)发声人发出声音，动作对自身有影响；3)时间侧面有界；4)瞬间性发声类动词强调发声动作从无到有，组件状态异质，而短暂持续性发声类动词强调声音持续过程，组件状态同质；5)瞬间性发声类动词组件状态侧面不连续，短暂持续性发声类动词组件状态侧面连续。

(八) 其他类

除了上述可按语义分类的动词，本书还在BNC中检索到了一些无法进行语义归类但是可以进入have a N(v)结构的动词，例如try(have a try)、look for(have a look for)、read(have a read)、think(have a think)、kick(have a kick)和knock(have a knock)等，本书将之归为“其他类”。本小节对这类动词逐一进行分析，重点关注其“侧面-基体”的共性和个性。

1. TRY(HAVE A TRY)

从语义角度来看，try意为to make an attempt or effort to do or get sth.(试图，想要，设法，努力)，并不指具体动作。本书在BNC中检索到36条包含have a try的例句，发现try的动作内容取决于具体语境。见以下例句：

(1) Well, do you think we can make it to the office (pause) let's go and ***have a try***, shall we?

(2) Chicken! ***Have a try***!

(3) So many apples! Let's ***have a try*** <u>of one</u>.

(4) John always encourage his students to ***have a try*** **<u>at something different</u>**.

例(1)中have a try在祈使句中并不是已经完成的动作，try指make it to the office；例(2)中have a try独立构成一个祈使句，指代动作不明；例(4)中have a try处于表目的的动词不定式中，指代动词不明。从以上例句可知，have a try一般用于祈使句或者其他表意向性的结构中，指代的具体动作与具体语境有关。try(尝试)更像是一个无具体动作内容的“壳”(具体内容由具体动词填充)，因此，参与者的数量即组件中的实体数量不确定。此外，try的动作状态本身是稳定的，可以看作是动作状态组件均质。虽然 have a try 的例子大多数都是意向性的，但是由于 try 与具体动作事件相对应，因而必然有始有终，即时间侧面有界。描述公式如下：

(a) $Z=\{X,Y\}$, $X=\sum_{i=0}^{n} x_i$, $x\in B$, $Y=1$, bounded

(b) $B=\{x\}$

(c) $V_{try}=P(X)$, $X\in Z$

try 的认知域包括组件状态之和与界，组件状态同质（$B=\{x\}$），时间侧面有界（$Y=1$），侧面化内容为组件状态之和［$V_{try}=P(X)$］。根据公式，我们可以推测出 try 的“侧面–基体”模型，进而依据动转名词加工过程原理，将顺序性扫描结果构成的隐性区域，即 try 的认知域，侧面化为显性区域，取消移动组件状态在时间轴上的凸显，见图 4.20：

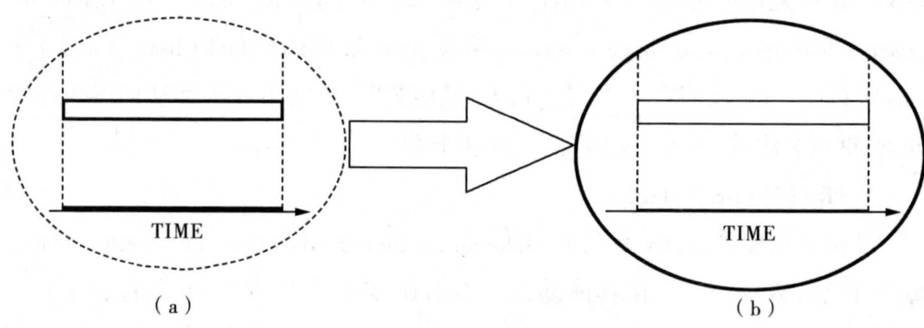

(1)单参与者

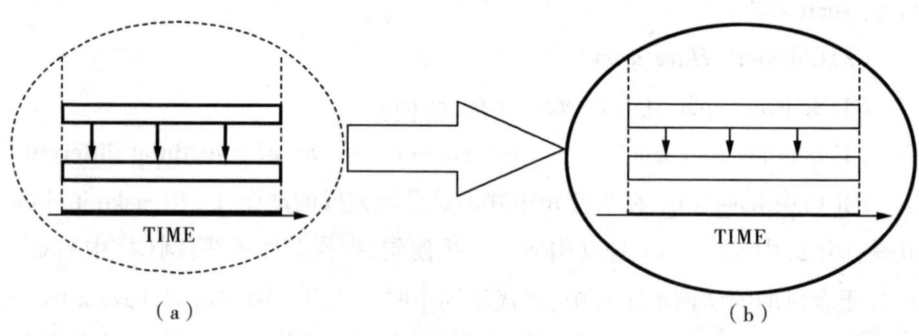

(2)多参与者

图 4.20　try 的“侧面–基体”模型

try 的参与者数量取决于 try 的动作内容，就前文所给例句而言，例(1)中尝试对象是行为，不能看作是实体，例(3)中有尝试对象(of one)，因此本书用图 4.20(1)和图 4.20(2)表示参与者数量不同的 try 的“侧面-基体”模型，参与者数量不同即组件构成中实体数量不同。try 行为不是具体动作而是尝试主体的状态，因此组件状态侧面是连续的，投射在时间轴上的感知时间也表现为连续的时间段，且时间侧面有界。

2. LOOK FOR(HAVE A LOOK FOR)

本书在 BNC 中检索到 14 条包含 have a look for 的语料。短语动词 look for 与感知类动词 look 无关，大概意为 try to locate or discover or try to establish the existence of(寻找)，这一动作是概括性的，由多种具体动作(肢体动作)和认知行为构成。因此，我们不能单纯地观察动作本身，还要观察动作主体的动作状态，即寻找者处于寻找的状态。在整个寻找事件中，动作主体的动作状态是稳定的，这与移动类和谈话类动词相似。见以下例句：

(5) I would like to ***have a look for*** some dresses.

(6) Let's ***have a look for*** the flour. There should be some here.

例(5)与例(6)中的 have a look for sth. 可以看作是短语动词 look for 转名词，转换后保留了其后必须加宾语的属性，本书未在 BNC 中发现 have a look for 独立使用的情况，因此，我们也许可以认为是动词短语 look for sth. 转名词短语。由上述例句可知，“寻找某物”不是一个具体动作，而是由很多动作构成的综合性动作事件，主体在“寻找”过程中的状态是稳定且持续的。另外，通常情况下，“寻找”事件肯定有起始点，原则上也有结束点，即使没有找到被寻找对象，寻找行为也可能结束。总结来看，look for 的组件由两个实体即寻找方和寻找对象构成，组件状态同质，由于组件状态持续且基本无差异，**因此组件侧面连续，时间侧面有界**，描述公式如下：

(a) $Z=\{X,Y\}$, $X=\sum_{i=0}^{n} x_i$, $x\in B$, $Y=1$, bounded

(b) $B=\{x\}$

(c) $V_{look\ for}=P(X)$, $X\in Z$

短语动词 look for 表“寻找”，认知域包括组件状态之和与界，组件状态同质($B=\{x\}$)，时间侧面有界($Y=1$)，侧面化内容为组件状态之和[$V_{look\ for}=$

P(X)]。根据公式,我们可以推测出 look for 的“侧面-基体”模型,进而依据动转名词加工过程原理,将顺序性扫描结果构成的隐性区域,即 look for 的认知域,侧面化为显性区域,取消移动组件状态在时间轴上的凸显,见图 4.21:

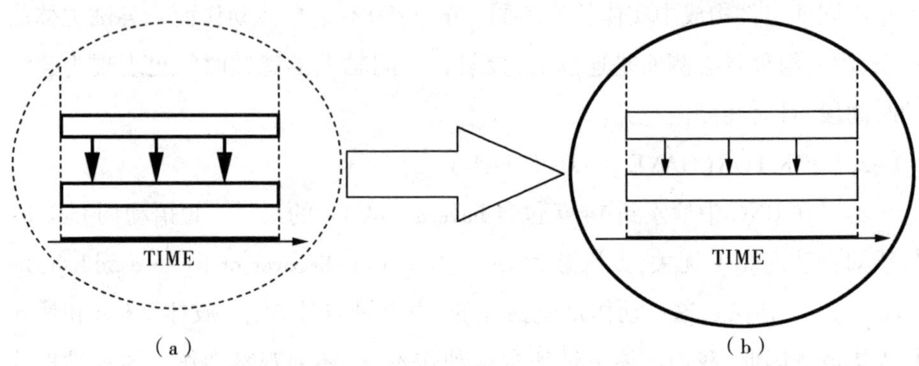

图 4.21 look for 的“侧面-基体”模型

look for 描述寻找时间,组件由两个实体构成(或两组实体构成,即寻找方和寻找对象)。在寻找事件中,寻找主体的状态是持续性的,因此,**顺序性扫描结果中组件状态侧面表现为连续状态,投射在时间轴上的感知时间是连续的时间段,因此在时间轴上有界。**

3. READ(HAVE A READ)

本书在 BNC 中检索到 24 条包含 have a read 的语料,其中 read 在转化前的动词意为“阅读”。严格来讲,“阅读”描述的是认知行为,包括阅读者和阅读对象两个实体,have a read 可以独立使用,也可以加介词来引入阅读对象,见以下例句:

(7) Put the report on the table, please. I'll ***have a read***.

(8) Before you make any comment, you'd better ***have a read*** <u>through it</u>.

(9) Sir, you can ***have a read*** <u>of it</u> if you like.

例(7)中 have a read 单独使用,强调阅读事件;例(8)、例(9)分别由介词 through 和 of 引出阅读对象,这是 read 作为及物动词的特征残留。**阅读事件是可持续的认知行为,主体状态基本无变化,时间有始有终,时间轴上有界,**描述公式如下:

(a) $Z=\{X,Y\}$, $X=\sum_{i=0}^{n} x_i$, $x \in B$, $Y=1$, bounded

(b) $B = \{x\}$

(c) $V_{read} = P(X),\ X \in Z$

read 的认知域包括组件状态之和与界，组件状态同质($B = \{x\}$)，时间侧面有界($Y = 1$)，侧面化内容为组件状态之和[$V_{read} = P(X)$]。根据公式，我们可以推测出 read 的“侧面-基体”模型，进而依据动转名词加工过程原理，将顺序性扫描结果构成的隐性区域，即 read 的认知域，侧面化为显性区域，取消移动组件状态在时间轴上的凸显，见图 4.22：

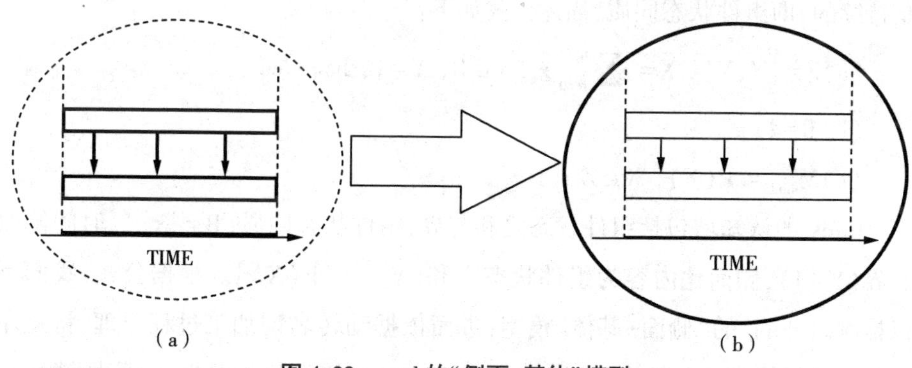

图 4.22 read 的“侧面-基体”模型

read 的组件由两个实体构成，即阅读主体与阅读对象，组件状态持续，基本无变化，因此顺序性扫描的组件状态结果的侧面呈连续状态，投射在时间轴上的感知时间表现为时间段，而且阅读事件有始有终，时间侧面有界。

4. THINK(HAVE A THINK)

Langacker(1987b)在讨论典型完成体动词、非典型完成体动词和非完成体动词时认为：典型完成体动词(canonical perfective)描述随时间变化而变化的过程(例如 jump、kick 等)，即动作状态随时间变化而变化，换言之，组件状态异质，动作有始有终，即时间侧面有界；非典型完成体动词描述的过程在感知时间段内状态变化不大(例如 sleep、walk 等)，即组件状态同质，但动作有始有终；非完成体动词(imperfective)描述静态过程，时间上没有界限(例如 know、like 等)。那么，have a think 中的 think 是完成体动词还是非完成体动词呢？

本书在 BNC 中共收集到了 34 条包含 have a think 的语料，语料显示 have a think 可以单独使用，也可以加介词来引入名词，见以下例句：

(10) Oh, 30 pounds... Well let's ***have a think***.

(11) We'll ***have a think*** through it.

(12) We'll have to ***have a think*** about it.

例(10)中 think 的内容是前一句中的 30 pounds,"考虑"的事件很具体,用 Langacker(1987a)的话讲,"考虑"的是"有限事件"(bounded episode);例(11)、例(12)都有介词引介考虑对象,将 think 限制在某一具体事件中。由此可知,**think 在时间上是有界的**。此外,think 描述心理过程(认知行为),在过程状态上是持续的,即组件状态同质,描述公式如下:

(a) $Z=\{X,Y\}$, $X=\sum_{i=0}^{n}x_i$, $x\in B$, $Y=1$, bounded

(b) $B=\{x\}$

(c) $V_{think}=P(X)$, $X\in Z$

think 的认知域包括组件状态之和与界,组件状态同质($B=\{x\}$),时间侧面有界($Y=1$),侧面化内容为组件状态之和[$V_{think}=P(X)$]。根据公式,我们可以推测出 think 的"侧面-基体"模型,进而依据动转名词加工过程原理,将顺序性扫描结果构成的隐性区域,即 think 的认知域,侧面化为显性区域,取消移动组件状态在时间轴上的凸显,见图 4.23:

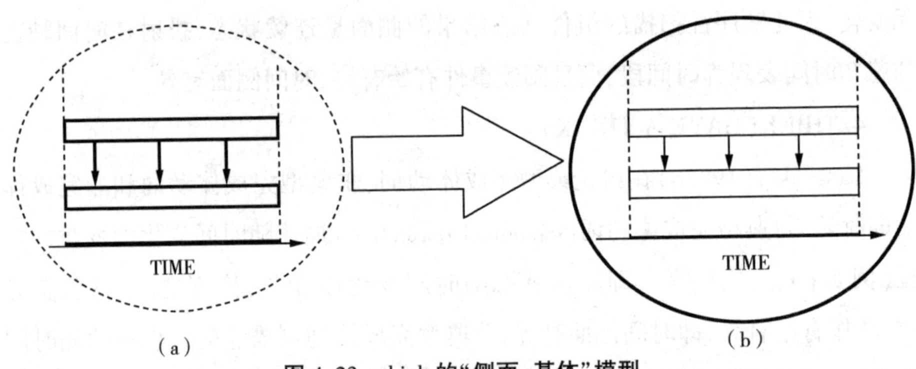

图 4.23 think 的"侧面-基体"模型

think 的组件由两个实体构成,即思考主体和思考对象,组件状态持续,基本无变化,因此**顺序性扫描的组件状态结果的侧面呈连续状态,投射在时间轴上的感知时间表现为时间段。另外,思考行为被限制在一定的有界事件中,事件有始有终,时间侧面有界。**

5. KICK/KNOCK(HAVE A KICK/HAVE A KNOCK)

本书在 BNC 中共检索到两条包含 have a kick 和 have a knock 的语料。kick 和 knock 被 Langacker(1987b)定义为典型完成体动词，特点是**组件状态有变化，动作过程有始有终，时间侧面有界。见以下例句：**

(13) Well he was hopeless yesterday, even ***had a kick*** of the ball.

(14) One day, I ***had a knock*** at the door and it was a student of mine.

例(13)中 have a kick 加介词引介动作对象，句子中的“踢”是一次性瞬间完成的动作。例(14)中 have a knock 加介词引介动作对象，句子中的“敲门”可以是一次性瞬间完成的动作，也可以是有间隔的重复的动作。与其他瞬间性动词一样，设 kick 和 knock 的扫描结果是一个状态，投射在时间轴上的感知时间为时间点，描述公式如下：

(a) $Z = \{X, Y\}$, $X = \sum_{i=0}^{n} x_i$, $x \in B$, $Y = 1$, bounded

(b) $B = \{x_1, x_2, x_3 \ldots x_n\}$, $x_i \neq x_j$, $i \neq j$

(c) $V_{kick/knock} = P(X)$, $X \in Z$

kick / knock 的认知域包括组件状态之和与界，组件状态异质($B = \{x_1, x_2, x_3 \ldots x_n\}$)，时间侧面有界($Y = 1$)，侧面化内容为组件状态之和[$V_{kick/knock} = P(X)$]。根据公式，我们可以推测出 kick / knock 的“侧面-基体”模型，进而依据动转名词加工过程原理，将顺序性扫描结果构成的隐性区域，即 kick / knock 的认知域，侧面化为显性区域，取消移动组件状态在时间轴上的凸显，见图 4.24：

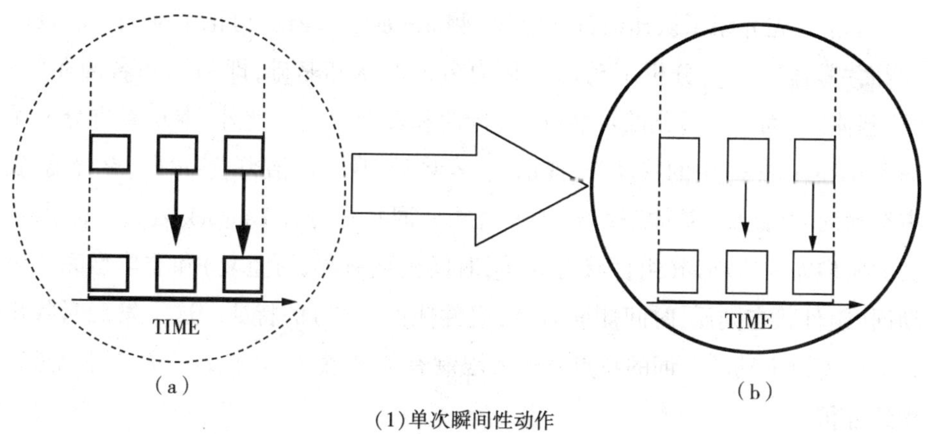

(1)单次瞬间性动作

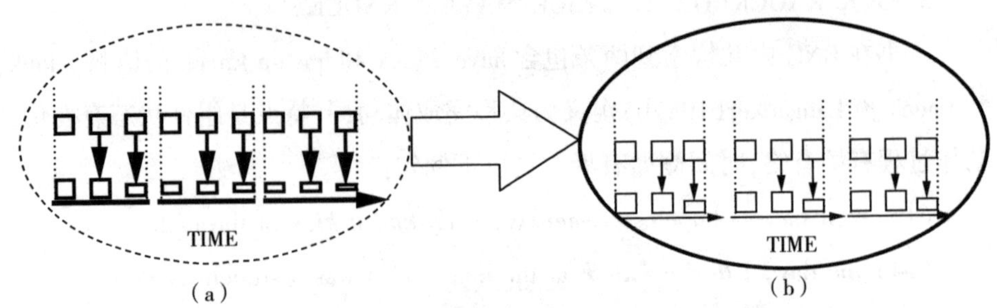

(2)间隔性重复瞬间性动作

图 4.24　kick / knock 的“侧面-基体”模型

瞬间性动词大多数都是可重复的,但是中间会有间隔,如图 4.24(2)所示。概括来讲,kick / knock 的组件由两个实体构成,即行为人和动作对象,顺序性扫描下的动作状态呈现出动作主体和动作对象的关系过程,动作对象是参照物,动作有始有终,时间侧面有界,重复动作投射在时间轴上的感知时间有明显间隔。

由本小节分析可知,其他类动词的“侧面-基体”特征包括以下 5 点:**1)构成组件的实体数量是一个或两个;2)动作总体指向自身,或者动作影响动作对象;3)时间侧面有界;4)组件状态同质或者异质;5)组件状态侧面连续或不连续。**

结语

本章首先介绍了认知语言学中的“侧面-基体”理论,讨论了动词和名词的“侧面-基体”特点,分析了动词转化为名词的认知基础,即动词和名词在“侧面-基体”方面相互转化的可能性、可行性和转换机制。此外,本章着重分析了进入 have a N(v)中的移动类、谈话类、姿势类、身体清洁类、感知类、摄食类、发声类动词的“侧面-基体”模型,认为这些动词基本符合 Langacker(1987b)所定义的典型完成体动词(组件状态异质,时间侧面有界,可重复)和非典型完成体动词(组件状态同质,时间侧面有界,组件侧面连续)的特征。这个发现对找出轻动词短语中动转名词的特点和转换限制有关键意义,本书下一章将对此进行细致分析。

第五章 have a N(v)中动转名词的限制条件

由前文分析可知,英语中动词转名词有一定的认知机制背景,have a N(v)结构中的动转名词的认知机制背景是“侧面-基体”构成的相似性(甚至可以说是无限接近一致),这一点也构成了 have a N(v)结构中动转名词的限制条件。此外,have 表示关系过程,将动转名词与主语联系起来,对进入该结构的动词在语义上也起到限制作用。

一、语义限制

本书在 BNC 中遴选出符合本书研究标准的包含 have a N(v)的语料,基于 N(v)转化前动词的语义特征,将 N(v)分为七种类型,见表 5.1:

表 5.1 动转名词的语义类型

序号	名称	代表动词	公式
1	移动类	WALK	have a $N(v)_{motion}$
2	谈话类	TALK	have a $N(v)_{talk}$
3	姿势类	SIT	have a $N(v)_{posture}$
4	身体清洁类	SHOWER	have a $N(v)_{body}$
5	感知类	LOOK	have a $N(v)_{perception}$
6	摄食类	DRINK	have a $N(v)_{consumption}$
7	发声类	CRY	have a $N(v)_{sound}$

从动作类型来看,这七类动词都是马泰修斯(2008)所说的"动作谓语"(actional predication),多用于主动语态,主语是施事的情况比较多,不限制动作参与者。动作作用于施事本身的包括移动类、姿势类、发声类;动作施加给动作对象的包括感知类、摄食类、身体清洁类,其中身体清洁类的动作对象是施事自身的身体部位;谈话类行为是唯一一个交互式(与其他人交互)的行为。这七类动词的共同点是都可以经由 have 传递给主语(施事),即由主语直接实施这些动作或行为。实义动词 have 描述关系过程,意味着其内在题元是外在题元可拥有之物,类比 have a N(v)结构,动转名词 N(v)也应是外在题元可支配和可发出的动作。

二、结构限制

由本书第四章分析可知,动词转换成名词的认知机制体现在"侧面-基体"上,就是将动词的"侧面-基体"进行顺序性扫描,形成新结构,同时侧显(凸显)组件和组件关系在时间轴上的变化,形成"侧面-基体"中的"侧面"或显性区域,而概括整体过程的"域"未被凸显,成为隐性区域。动词转化为名词,在"侧面-基体"的体现就是,取消原本的显性区域,即被侧面化的组件和组件关系在时间轴上的状态变化不再被凸显,而原本的隐性区域,即概括整个事件过程的"域"被凸显。表面上,这个动词转化为名词的认知机制可操作性强,似乎可以解释所有的动转名词现象,然而,并不是可以完成该转换过程的所有动词都可以进入轻动词短语结构,轻动词短语结构本身对可进入的词汇有语义限制。除此之外,have a N(v)结构在语法结构上对可进入的动转名词也有限制。根据前文对动转名词 N(v)的"侧面-基体"的细化,我们可以总结出进入 have a N(v)结构的动词的五个基本特点:参与实体数量、动作过程影响其他实体、时间侧面有界、组件状态同质、组件状态侧面连续。对于本书第四章总结的七种类型的动转名词的特点的具体统计见表 5.2:

表 5.2 七种不同语义类型的动转名词的特点分布

序号	语义类型	参与实体数量	动作过程影响其他实体	时间侧面有界	组件状态同质	组件状态侧面连续
1	移动类	1	-	+	+	-
2	谈话类	3	+	+	+	-
3	姿势类	1	-	+	-/+	-/+
4	身体清洁类	2（部分-整体）	-（施事发出的动作作用于自身的身体部位）	+	+	+
5	感知类	2	-（有感知对象，但是感知行为影响感知者而不影响感知对象）	+	-/+	+
6	摄食类	2	+	+	-/+	-/+
7	发声类	1	-	+	-/+	-/+
8	其他类	1 或 2	-/+	+	-/+	-/+

注：“+”表示“是”，“-”表示“否”。

从表 5.2 中可以看出，如果将进入 have a N(v)结构的动词的五个基本特点当成观测维度的话，只有“时间侧面有界”这一个是一个常量，即所有进入 have a N(v)结构并转化为名词的动词在时间侧面上都是有界的，而其他维度都是变量，即无论几个参与者参与事件，无论动作过程影响自身还是其他参与者，无论组件状态是同质还是异质，无论组件状态侧面是连续还是不连续，都不影响动词进入 have a N(v)结构成为名词。按照 Langacker 的概念语言学理论，在述谓域中的时间轴上有明确界限是完成体的典型特征，名词化(nominalization)就是侧面化一个“有界”的区域,“有界”是表动作或运动行为的动词转化为名词的根本条件。需要注意的是,“有界”是可数名词的典型特征,完成体与可数名词的共同之处是可重复,即有复数形式,但是 have a N(v)结构中的动转名词并没有复数形式,或者说,并没有采取复数形式的现象。这是因为名词的“有界”现象有两种情况:一种是自然有界,一般可数名词都是自然有界的;另一种是“划界”(bounding),即规定界限,划界的依据多种多样,就轻动词短语中的动转名词而言,划界的依据是“示例概念化”(token for type)现象,即这个示例可以代表完整概念,例如 have a walk 中的 walk 是行走概念的一个示例,示例概念是完整的,因此“有界”。

既然“有界”,那么意味着“可重复”,即可数。为什么轻动词短语中没有可数形式的动转名词呢?由上文分析可知,示例(token)是可重复的,但概念是“类”(type),是一个上位词,代表整体,可与不定冠词一起表述“一类”(a type)。轻动词短语被抽象概括为“V_{light}+ a(n) + N(v)”,在这一结构中,轻动词 V_{light} 是变量,可以填入不同的动词如 have、give、take 等,动转名词 N(v)也是变量,如前文所述,除了越来越习语化的固定的动转名词,轻动词短语结构中仍有创新词进入。相比之下,不定冠词 a(n)是结构中的常量,是不可替换的成分,这是示例转化为类过程的句法形式上的表征。不定冠词的语义与定冠词对立:定冠词用于特指,表示只有一个合格候选项可及;不定冠词则表示不止一个候选项可及。[①] 例如:“He is the only one who I love.”(他是我唯一爱的人);“He is a man who I love.”(“他是我爱的一个男人”,言外之意是“他是很多我爱的人中的一个”)。不定冠词在“V_{light}+ a(n) + N(v)”结构中的语义也是如此,动转名词所表示的类是一个变量,是可替换的变量。当然,不定冠词的这一语义蕴含一个限制条件——要求所修饰的名词描述概念的同质性,因为“不止一个候选项可及”,说明“候选项”之间是可替换的即同质的。可以说,不定冠词将进入轻动词短语中的动词限制为转换成名词后可以以示例概念代表整体概念的语义类型。这就解释了为什么 have a look 可以说而 have a see 不可以说:look 描述“看”的动作概念,进入轻动词短语结构后以“看”行为类的子类概念存在,人类的“看”行为大同小异,基本可以看作是同质的;然而,see 是“看见”的结果,“看见”的

① Langacker, 2008。

结果和内容千差万别，因此不能以均质示例代替“看见”结果和内容的行为概念。同理，have a listen 可以说，但 have a hear 不可以说：listen 可以作为同质示例，而 hear 强调听到的结果和内容，因此不能以均质示例的形式进入轻动词短语结构中。可见，轻动词短语结构中的不定冠词作为该结构的常量成分，对进入该结构的动转名词起强烈的限制作用。

结语

通过以上分析，本书得出两条进入轻动词短语结构 have a N(v)中做 N(v)的动词的限制条件：1)语义限制：动转名词 N(v)与轻动词共用外在题元；2)结构限制：动转名词是可以概括完整概念的一个示例(有界)，表达概念同质。从语料分析来看，进入 have a N(v)结构的动词都是完成体动词——既包括组件状态异质的典型完成体动词，也包括组件状态同质的非典型完成体动词，需要符合的基本条件是在时间侧面有界。

第三篇　行为链分析：give a N(v)结构

第六章　give a N(v)结构概述

本章讨论轻动词短语 give a N(v)结构中的动转名词现象，并从行为链角度分析该结构对于进入其中的动词的限制条件。本书在 BNC 中共收集到 3 618 条包含 give a N(v)的语料。根据 N(v)转化前动词的语义可知，进入 give a N(v)结构中的动词可分为八大类：感知类、谈话类、情感类、示意类、发声类、移动类、接触类、抽象类。

一、感知类

感知类动词指感知主体通过感觉器官主动感知刺激物(stimuli)，这一过程一般包括两个参与者，即感知主体和感知对象(刺激物)，动作包括“五感(听、嗅、看、触、尝)”。本章将感知类轻动词短语结构写作 give a $N(v)_{perception}$。[①] give a N(v)结构有两种形式，一种有间接宾语，一种没有间接宾语，虽然 give 在这个结构中是轻动词，重点在于发挥语法结构功能，要与动转名词共同分担谓语的语义贡献，但是 give 并没有完全失去语义内容含量，在这个结构中仍然保持了“致使间接宾语获得”的语义。

(一)句法搭配

give a N(v)结构是由 give 构成的双及物结构，一般的 give 结构由动作主体、动作对象、动作目标构成，例如：X give Y Z (X give Z to Y)。give a N(v)的特殊之处是动作对象并非实体，而是动作，即致使移动或转移的不是实物(entity)，而是动作。

① 常见短语包括但不限于 give (X) a look/glance/touch/feel/glimpse/sniff/listen/stare/glare 等。

1. 基本句子结构

由于 give a $N(v)_{perception}$ 结构中的动转名词原为及物动词,本身可以有两个参与者,因而可有以下结构:

(a) Subject + give * + Indirect Object + (Adjective) Direct Object + (other sentence elements)

(b) Subject + give * + (Adjective) Direct Object + to + Indirect Object + (other sentence elements)

give a $N(v)_{perception}$ 结构常见于主动语态,但是有少数可见于出于主题化动机的被动语态。主动语态中,标注间接宾语或者忽略间接宾语的情况都比较常见;被动语态中,感知对象通常被提升至主语位置,感知者可以不出现。见以下例句:

(1) Tom ***gave him a sorrowful stare***, but he didn't give a thought.

(2) Oliver ***gave the table a puzzled look***.

(3) Peter was ***given a dirty look***.

(4) They laughed and ***gave a sideways look to Bill***.

(5) **Shock-absorbing devices of many types** have ***been given a hard look***.

give 结构中的间接宾语通常是动作目标,但是 give a N(v) 中的间接宾语是感知对象,表感知的动转名词的参与者。例(1)中,间接宾语 him 是 stare 的感知对象,换言之,参与的事件活动是 stare 事件,例(2)中的 the table 同样是感知对象。例(3)是被动语态,主语是 look 的感知对象,这是话题化的结果,与 give 关系不大。例(4)中的间接宾语用介词 to 引入,这一操作是 give(双及物)作用的结果。例(5)是比较特殊的被动语态,其形成动因除了包括将感知对象话题化,也可能包括感知主体未知而无法使用主动语态。

2. 修饰成分

例(1)至例(5)中的动转名词均有形容词修饰(**sorrowful** stare, **puzzled** look, **dirty** look, **sideways** look, **hard** look),说明该结构对于形容词的容忍程度比较高。形容词可以标识动转名词的性质或方式,甚至原因。

由于 give 可携带的参与者数量较多,感知动词本身也是及物动词,give a $N(v)_{perception}$ 结构加介词引入参与者的情况很常见,即"Subject + give * + (Adjective) Direct Object + **Adjunct** + (other sentence elements)"。见例(6)和

例(7)：

(6) Jim *gave a scathing* ***look*** at Alfred's apron.

(7) Due to bad weather all day, it was too cloudy to give a ***glance*** of the true color of the mountain.

例(6)和例(7)中的动转名词后面的介词短语，就性质来讲，与例(4)的不同。例(4)引介的是间接宾语，由双及物结构而来，介词只能用 to。例(6)的介词短语由 look 而来，look at 本身就是短语动词，at 引介感知对象，此句意为"吉姆严厉地看了阿尔弗雷德的围裙一眼"。例(7)中 of the true color of the mountain 是 glance 的内容，其实 glance at 也是常见搭配，用 at 强调感知对象是感知动词的"后遗症"，而用 of 可以看作是动词转换为名词后的特征结果。

(二)语义分析

感知类动词的语义在本书第三章中已经有了讨论，感知动作由感觉器官发出，常见为及物动词。进入 give a $N(v)_{perception}$ 结构的感知类动词与进入 have a $N(v)_{perception}$ 的感知类动词类似，但表"看"的动词的数量稍多一些。

眼睛是心灵的窗户，"看"是我们使用最多的感知形式。英语动词可包含动作方式等信息，look 是概括"看"这一动作的上义词，glance、stare、glare 都以"look + 时长或方式"来定义，只有 glimpse 比较特殊，语义强调结果而非动作，该词在 have a N(v)中未见实例。相比之下，give a N(v)中有 sniff，但没有常见的上义词 smell。似乎 give a $N(v)_{perception}$ 中的动转名词更倾向于具体的感知动作。

这些感知类动词本是施事的动作，进入 give a N(v)后，give 添加了"致使"的意思，或者说通过添加"致使感知目标接受感知动作"的语义，强化了施事对于实施感知动作的主观性。感知动作本来是不可见的，由感觉器官实施，而 give 给人的感觉是一个可见的动作，感知动词进入 give a N(v)结构后，被赋予了可见动作的特质。例(2)"Oliver gave the table a puzzled look."汉译为"奥利弗困惑地看了眼桌子"，译文与原文在语法结构上不对等，可知译文必然损失了原文的部分语义内容。

二、谈话类

与感知类动词一样,谈话类动词也是进入轻动词短语结构中的常见语义类型。本书在 BNC 中共收集到 736 条 give a $N(v)_{talk}$ 语料[①],由于没有进行穷尽性统计,本书研究未考虑频次统计。能够进入 give a $N(v)_{talk}$ 结构的谈话类动词种类比较多,间接宾语进入该结构的情况比较常见。下面针对句法搭配和语义进行细致分析。

(一)句法搭配

give 可以携带三个论元,即有三个参与者,不过特殊的是,give a $N(v)_{talk}$ 结构中的一个参与者被动转名词占据,即 give 的对象是一个动作,而谈话类动词本身也可以有三个参与者,这使此类句子的结构有些复杂。

1. 基本句子结构

give a $N(v)_{talk}$ 结构,在有限句中(non-finite clause)的常见结构包括:

(a) Subject + give * + (Adjective) Direct Object + (other sentence elements)

(b) Subject + give * + Indirect Object + (Adjective) Direct Object + (other sentence elements)

(c) Subject + give * + (Adjective) Direct Object + to + Indirect Object + (other sentence elements)

以上结构中的 Direct Object 是谈话类动转名词, Indirect Object 是谈话对象,谈话内容则需要介词引入。见以下例句:

(8) Please ***give*** ***<u>him</u>*** a call tomorrow morning.

(9) We'll ***give*** ***<u>him</u>*** a ring as soon as we get back.

(10) I will ***give a talk*** <u>to my students.</u>

(11) The same way a VP of Sales cannot ***give a command*** <u>to a CEO</u> , a component that is lower in rank cannot send an execution "command" to a

---

① 常见短语包括但不限于 give (X) a(n) answer/talk/ring/shout/call/report/say/command/reply/comment/whimper/chat/promise 等。

component on a higher level.

(12) The agency also said it would make changes to the approval process to ***give investors*** a greater say in which way companies can sell shares, when and at what price.

(13) I would also like to ***give a shout out*** to John who married Lily who is incredible and beautiful and just made it so special.

例(8)与例(9)都表达了"给他打电话"的意思，间接宾语无论是在 give a $N(v)_{talk}$ 结构中还是以 to sb. 的形式附加在结构之后，都标识致电对象。可能由于本书研究的语料来自英国国家语料库 BNC，give X a ring 的例子要比 give X a call 多一些，这是地域方言介入的结果。例(10)和例(11)都是间接宾语即谈话对象在结构外的情况。例(12)比较特殊，give X a say 中的 say 更倾向于指讲话内容而非讲话这一动作。例(13)中的 shout out 可解读为喊话内容或叫喊行为，如果是后者则应归为"发声类"。

2. 修饰成分

可能由于人类的感知行为比较复杂，涉及感知的质量、时长、方式等很多因素，感知类动转名词在轻动词短语中经常跟形容词搭配出现。谈话类动词则不同，进入 give a N(v)结构的谈话类动转名词都是比较具体的谈话行为，对于修饰语的需求不是很强烈，因此加形容词的例子不多(并不是完全没有)，但是由于谈话类动词的参与者除了谈话主体(与 give 共享)和谈话对象(间接宾语)，还有谈话内容，因而需要用介词引入谈话内容，该结构中常见附加语。此时句子结构为：

"Subject + give * + Indirect Object + (Adjective) Direct Object +**Adjunct**+ (other sentence elements)"。见以下例句：

(14) Will you ***give*** **us** ***an*** ***unequivocal*** ***answer***?

(15) John will ***give*** **us** ***a talk*** on railways further afield.

(16) He will ***give a talk*** on atheism.

(17) We'll ***give*** **you a full** ***report*** on what we're supplying.

(18) ***Give*** **us** ***a call*** on 071 921 xxxx and let us know your choice of album.

(19) He ***gives a reply*** to one of the students' questions.

例(14)中 answer 前有形容词修饰，限定 answer 的特点和性质，句意为"你能给我们一个明确的答复吗?",英语中有很多诸如 answer 这样的动词,动作本身包含内容,因此很容易实现动词和名词之间的转换。表自然现象的词,例如 rain、snow、wind,都有类似特点。例(15)、例(16)、例(17)中由介词 on 引出谈话内容,这与 on 自身的语义和功能有关。例(18)与前几个句子不同,on 引介的是电话号码,on 后接电话号码是 on 本身的功能,与 call 关系不大,即使没有 call,"on + phone number"也可以出现,例如"You can get me on 0181 530 xxxx."(你找我可以拨打 0181 530 xxxx。)。例(19)中 to one of the students' questions 不是间接宾语,give a N(v)的间接宾语指谈话对象,而本句中的 to one of the students' questions 来自 reply,将该短语插入 give a N(v)结构之后,得出的句子"* He ***gives*** one of the students' questions ***a reply***."不符合语法。实际上,更易接受的表达形式是 give sb. a reply,而 reply 作为动词时,reply to a question 是常见搭配。

(二)语义分析

谈话类动词,与其说是描述一个行为,不如说是描述一个交际场景或交际事件,参与者包括谈话主体、谈话对象、谈话内容。本书对于谈话类动词的语义判定相对宽松,只要有信息发出者、信息内容、接收者这三个参与者,就算符合要求。典型谈话类动词包括 talk、chat、say、report 等,非典型谈话类动词包括 shout、promise、reply 等,这些词的特点是信息内容就是自身,因此一般不会单独引入信息内容。需要注意的是,ring、answer、command、comment 更倾向于是名词,即本身为名词,动词是转化结果,将其划入 give a $N(v)_{talk}$ 中大致因为"惯性",即由于这类轻动词短语的定式化而形成的惯性认知。见以下例句:

(20) If necessary operator ***give a command*** for auto-start or auto-stop.

(21) The same way a VP of Sales cannot ***give a command to a CEO***, a component that is lower in rank cannot send an execution "command" to a component on a higher level.

(22) Put enough of these catoms together, ***give them*** a command and they can assemble themselves into just about anything you want.

(23) We guarantee to keep our production in good repair for free in one year, and ***give a promise*** of maintenance for life.

(24) Once you ***give somebody a promise***, you must carry it out no matter what

will happen.

例(20)、例(21)、例(22)、例(23)、例(24)在形式上与轻动词短语 give a $N(v)_{talk}$ 几乎无差别，但是不能引出谈话内容。例(23)中 of 引入的是 promise 的内容，但是不能像 talk 那样用 on 引出内容。无论是本身是名词，词性转化后为动词，还是本身是动词，进入轻动词短语结构后词性转化为名词，在形式和功能上的差别不大，因此本书将其放在一起讨论。

三、情感类

前文在讨论 have a N(v) 时没有情感类动词(V_{affect})进入的情况，但是在 give a N(v) 中，情感类动词却非常常见。give a $N(v)_{affect}$ 结构中，间接宾语进入该结构的例子较多，单独使用的情况较少。①

(一)句法搭配

give a $N(v)_{affect}$ 结构中，give 的施事主体是导致情感体验者体验某种情感的主体，间接宾语是情感体验者，但是情感体验者并不是主动体验某种情感的，而是被动的。本来双及物构式有“传递”的语义含义，但是在 give a $N(v)_{affect}$ 结构中，give 的语义角色侧重“致使”而非“传递”。

1. 基本句子结构

(a) Subject + give * + Indirect Object + (Adjective) Direct Object + (other sentence elements)

(b) Subject + give * + (Adjective) Direct Object + Adjunct + (other sentence elements)

情感类动转名词进入 give a N(v) 后，感知对象作为间接宾语进入 give a N(v) 的例子要更为常见，即 give X a N(v) 的形式更为常见。从交际动力学角度来看，位置越靠前，交际动力量就越少，引入间接宾语其实是提升间接宾语位置的操作，此时情感类动转名词的位置最为靠后，携带最多量的交际动力。见以下例句：

① 常见短语包括但不限于 give (X) a shock/miss/thrill/jolt/love/scare/shake 等。

(25) Wow, you ***gave me a scare***. How did you get here?

(26) The painting on the flat ***gave me a shock***.

(27) ***They were given a scare*** at home **by** the wild dogs.

(28) It ***gave me a shock*** when I knew the answer.

(29) Instead of rolling, twisting and looping like the roller coasters, thrill rides use technology and special effects to ***give you a thrill***.

(30) If you have time, would you please ***give your parents a miss***?

在 give a N(v)中,give 虽然已经是轻动词,主要起语法功能作用,但是仍然保留了表“致使”的原义,因此使用 give a N(v)而不是单独使用情感体验的动词或 have a N(v)结构,需要明确的动因。例(25)中说话人使用“you gave me a scare”而不是“you scared me”,强调了情感以及致使“惊吓”的语义。例(26)与例(29)的主语不是有生命的施事,说明致使情感体验主体产生情感体验的不一定非得是有生命的施事,相比之下,give 是实义动词时,施事倾向于有生命主体。例(27)比较特殊,是被动语态,give a N(v)不拒绝被动语态,但是本书收集到的数量不多,这种用法是将情感体验者(间接宾语)话题化的结果。例(30)中的 miss 比较特殊,因为 miss 有“错过”的意思,give sth. a miss 通常表示“错过某事”,而在例(30)中,miss 明显不是“错过”或者“避免”的意思,而表“思念”之意,句意为“如果你有时间,能不能请你想念你的父母?”。

2. 修饰成分

相比感知类动转名词,情感类动转名词携带修饰性成分的情况比较少。give a N(v)$_{affect}$ 允许有形容词修饰,但是因为进入该结构中的情感类动转名词都是比较具体的情感行为,所以表方式和性质的形容词不易和较少进入该结构,而表程度的形容词相对容易进入该结构。见以下例句:

(31) They ***gave me a big shock*** yesterday.

(32) That story ***gave me a shocking thrill***.

例(31)句意为“昨天他们让我大吃一惊”,例(32)句意为“那个故事使我震惊”,big 和 shocking 都表示情感的强度。

give a N(v)$_{affect}$ 的间接宾语是情感体验者,语法形式上要么直接进入该结构,要么以 to 为媒介引入,因此与其他介词搭配的情况不多,偶尔可以看到 of 引介的结构。见以下例句:

(33) One sure way to ***give yourself a jolt*** of well-being is to cross some boring tasks off your list.

(34) The conflicts didn't ***give a love*** of peace at all.

例(33)中的 of well-being 定义情感的归属即属性，句意为"给你自己带来幸福感的一个可靠方法是把一些令人厌烦的任务从你的清单上划掉"，可见在汉译中 jolt 没有译出原意，而是只用了上义词。例(34)同样用 of 引入情感的归属和类型，句意为"这些冲突根本没有给人一种对和平的热爱"。

(二)语义分析

本书中的情感类动词主要指情感体验，喜、怒、哀、乐、爱、恨、惊、惧等，都是情感体验主体针对体验对象的某种体验，动作指向体验者自身，对体验对象的影响不大。这一语义特点对于 give a $N(v)_{affect}$ 结构产生了一定的影响。进入 give a $N(v)_{affect}$ 中的常见动词 shock、thrill、jolt、shake、scare 是使动，通常表明情感体验者被动体验这种情感，其中 shock 似乎原为名词，动词是转化范畴。shock、shake、jolt 中 shock 是一般词义，另外两个的原义指体验者的身体反应，后用反应代替情感。情感类事件中的情感体验者是很重要的一个参与者，因此情感体验者被引入 give a $N(v)_{affect}$ 结构中的情况比较常见，这也是 give X a $N(v)_{affect}$ 结构比较常见的原因。

四、示意类

示意类动词($V_{gesture}$)是指用手势、姿势、表情等肢体动作或面部动作进行示意的行为。本书在 BNC 中共收集到 535 条符合 give a $N(v)_{gesture}$ 的语料。①

(一)句法搭配

从语料数量来看，give a $N(v)_{gesture}$ 的出现频率很高。示意类动转名词与 give 共用一个施事，间接宾语是示意对象，这一特点对于该结构本身有很大

① 常见短语包括但不限于 give (X) a smile/shrug/nod/gasp/wave/bow/shiver/whimper/grin/wink/salute/scowl/clap/cough。

影响。

1. 基本句子结构

通过观察语料可得,以下两种句子结构最为常见:1)只包含行为者一个参与者,以 give a N(v)$_{gesture}$ 的形式出现;2)小幅行为类动词有 give X a N(v)形式的双参与者的用法。

(a)Subject + give * + Indirect Object + (Adjective) Direct Object + (other sentence elements)

(b)Subject + give * + (Adjective) Direct Object + to + Indirect Object + (other sentence elements)

由于示意类动词的动作发出者与 give 的一致,所以示意对象可以不出现,很多例句中的 give a N(v)$_{gesture}$ 都是单独出现的。见以下例句:

(35)Every now and then, Henry would ***give a nod or a grunt***.

(36)Just ***give a wave*** if you need anything.

(37)The teacher came in and ***gave a smile*** to the class.

由以上例句可知,give a N(v)$_{gesture}$ 在句子中单独使用时,大多强调动作本身。例(35)中说话人以观察者视角描述话题 Henry 的示意动作,至于示意对象则不重要,因此没有提及。例(36)是说话人给听话人做示意动作的建议,在这个服务语境中,听话人是顾客,示意对象肯定是服务人员,因此未被提及。例(37)与前两例不同,需要指出示意对象,在这个句子中,示意对象是间接宾语,因此用 to 引介。

示意对象也可直接出现在 give a N(v)$_{gesture}$ 中,见以下例句:

(38)Not one bow. You should ***give each of us a bow***.

(39)If you fail to let them feel polite, they will ***give you a shrug***.

示意动作是交际行为,或者说,示意动作是交际事件的一部分,交际对象在交际事件中经常被引介。例(38)中 bow 的对象被引入结构,距离 give 更近,起强调作用。例(39)中示意对象 you 被引入结构,表明此句不仅描述动作也强调动作对象。

2. 修饰成分

示意动作相对具体,因此本书找到的形容词进入该结构的例子不多,但是该结构并不拒绝形容词进入。另外,示意类动词中不及物动词居多,引入其他参与者的情况较少，导致与之搭配的介词短语种类不多，除了引入间接宾语的to，有少量包括"of + NP"的情况。见以下例句：

(40) Each time this was mentioned, he would ***give a bitter smile*** and shake his head.

(41) Standing to attention, she ***gave* him *a mocking salute***.

(42) John's brother ***gave* him *a sympathetic wink***.

(43) She ***gave* me *a nod of agreement***.

例(40)中 bitter 表示微笑的性质，例(41)中 mocking 表示 salute 的方式，例(43)中 of agreement 表示 nod 的原因。

(二)语义分析

示意类动词主要表示动作主体利用面部、肢体等做出某一动作，该动作与动作对象没有接触，从动作的能量流动角度来看，示意类动词的能量流动方向指向动作主体自身。示意类动作基本都是非言语暗示(non-verbal cue)。用面部表情传达某种人际意义，例如：smile、grin、wink 暗示友好，scowl 暗示吃惊。用头部动作 nod 表同意。用肢体动作 wave 表打招呼，clap 表赞同或鼓励，salute 表致敬，bow 表感谢、致敬、道歉，shiver 表惊吓。用声音示意某种情绪，例如 gasp、cough。这些动作都是动作主体发出的，是动作主体对自己身体的控制，有示意对象但是没有受事。

五、发声类

发声类动词(V_{sound})指动作主体通过发出某种声音来宣泄某种情绪。示意类动词传达比较固定的社交意义，而发声类动词仅表示宣泄情绪。本书在 BNC 中共检索到 362 条符合 give a $N(v)_{sound}$ 条件的语料。① 另外，本书研究虽然未做穷尽检索，但本书未在 BNC 中检索到 give X a $N(v)_{sound}$ 结构。

---

① 常见短语包括但不限于 give a laugh/cry/snort/shout/cheer/bark/grunt/roar/yell/yelp/scream/growl/squeal/shriek/cluck/howl/screech/squawk/squeak 等。

(一)句法搭配

发声类动词进入 give a N(v)后,大多独立使用,没有引入间接宾语的情况,主要因为这类动词大多表施事自身宣泄情绪,所以可以没有动作对象。

1. 基本句子结构

从语料分析来看,give a $N(v)_{sound}$ 结构的主要句子模式为:

Subject + give * + (Adjective) Direct Object + (other sentence elements)。

见以下例句:

(44) Whether you truly think your boyfriend's jokes or sense of humor is actually funny, it is always polite to ***give a laugh***.

(45) He ***gave a snort***.

(46) The man ***gave a grunt***, which was the permission we had been waiting for.

(47) She ***gave a shriek*** even louder than Mary had given.

例(44)、例(45)、例(46)描述的都是动作主体发出某种声音(表达某种情绪),没有话语内容和发声对象。本书虽然在 BNC 中没有检索出 give X a $N(v)_{sound}$ 结构,但是在其他语料库中检索到了这一结构,此时句子结构为:

Subject + give * + Indirect Object + (Adjective) Direct Object + (other sentence elements)。

见以下例句:

(48) If you change your mind, just ***give me a yell***.

(49) ***Give me a shout*** when you're ready.

实际上,有情绪宣泄对象也是正常现象,例(48)中 yell(叫喊)、例(49)中 shout(呼喊,喊叫)的对象是间接宾语,直接出现在该结构中。

2. 修饰成分

发声类动词包括各种不同方式的发声动作,因此需要修饰成分限制其发声的原因或性质。见以下例句:

(50) They ***gave a bark*** of laughter.

(51) Lee ***gave a snort*** of disbelief.

(52) Tom ***gave a grunt*** of pain.

(53) The man ***gave a grunt*** of triumph.

(54) The cat ***gave a howl*** of rage and set off in pursuit.

(55) To ***give a laugh*** of pleasure or satisfaction.

(56) ***Give me a cougar roar***. Cougar roar!

虽然原则上,发声类动转名词允许前面有表性质和强度的修饰语,但是实际上,本书找到的语料中这样的例子并不多。例(56)中 cougar 是名词做定语。前面没有表强度的形容词修饰语,可能是因为发声类动词本身包含的信息比较具体详尽,甚至包含了强度和方式,所以留给修饰语的空间比较小。这类动转名词比较特殊的是,本书找到的语料中有大量 $N(v)_{sound}$ of NP 的情况,这一结构将发声行为的原因具体化。例(50)中 bark of laughter 表"狂笑",例(51)中 snort of disbelief 表"怀疑的哼声",例(52)中 grunt of pain 表"痛苦的呼噜声",例(53)中 grunt of triumph 表"胜利的呼噜声",例(54)中 howl of rage 表"怒吼",例(55)中 laugh of pleasure 表"欢笑"。

(二)语义分析

发声类动词表示发声主体发出某种声音来宣泄某种情绪,宣泄对象可以有也可以没有。发声类动词的定义包括两个关键含义:一是发出声音,二是发声所表达的情绪。这类动词只有一个参与者,进入 give a $N(v)_{sound}$ 结构后与 give 共享一个行为主体,有指向对象时指向对象以间接宾语的形式存在。需要特别指出的是 cheer,cheer 通常表"欢呼","欢呼"是发声行为,但是这个发声行为的指向性很强,就是"鼓励,鼓舞"的意思,有明确的情绪表达对象,与其他发声类动词不同,因此有 give X a cheer 的表达形式。

六、移动类

移动类动词(V_{motion})表行为主体有位置移动,一般为不及物动词。本书在 BNC 中共检索到 26 条符合定义条件的语料。① 相比进入 have a N(v)结构,进入 give a N(v)结构的移动类动词数量不多,并且都是动作方式很具体的动词,

① 常见短语包括但不限于 give a jump/lurch/leap/twirl/dance/leave/slip 等。

而不是表“走”或“跑”的一般动词。

（一）句法搭配

移动类动词指向行为主体本身，以不及物动词为主，通常只有一个参与者，give a $N(v)_{motion}$ 单独使用的情况比较多。

1. 基本句子结构

从语料分析来看，give a $N(v)_{motion}$ 结构的主要句子模式为：

Subject + give * + (Adjective) Direct Object + (other sentence elements)。

见以下例句：

(57) He ***gave a leap*** and landed himself on the saddle of the horse.

(58) Jim silently ***gave a slip***.

(59) His heart ***gave a lurch*** when he saw her.

由上述例句可知，移动类动转名词进入 give a $N(v)_{motion}$ 结构中是为了强调移动动作本身。例(57)中说话人以第三者视角描述行为主体做了一个 leap 的动作；例(58)句意为“吉姆悄悄溜了”，gave a slip 也在描述移动行为本身。移动类动词的施事逻辑上应该是有生命的行为主体，但是由于可移动的主体并不限于有生命的主体，因而无生命的可移动的主体也可以充当施事，例(59)中 his heart 是施事主体的器官，与施事主体构成部分与整体的关系。

2. 修饰成分

give a $N(v)_{motion}$ 中的移动类动转名词一般都可以被表方式、强度的形容词修饰。由于移动一般有朝向性，动转名词后面可以添加表方向的介词短语。除此之外，移动主体原来的位置也是隐藏的语境，也可能以介词短语的形式被前景化。见以下例句：

(60) The train ***gave a violent lurch***.

(61) A fish ***gave a sudden leap*** out of the water.

(62) Tom ***gave a jump*** towards them.

进入 give a N(v)结构的移动类动词的动作性很强，通常与方式副词共现，受此影响，移动类动词转变为名词后与表方式的形容词搭配较多。例(60)中 violent lurch 是 lurch violently 的变形，句意为“火车*突然向前猛动*了一下”。同样，例(61)中 sudden leap 是 leap suddenly 的变形，动词 leap 转化为名词(词性)

后，副词 suddenly 随之转化为形容词 sudden。移动具有方向性，因此与之搭配的介词短语与方向或方位有关。例(62)中 towards them 表移动的方向，句意为"汤姆*朝他们*跳了一步"。

(二)语义分析

移动类动词描述人体通过下肢或四肢(游泳)运动而产生位置移动的行为或事件。需要注意的是，在 have a N(v)中有"游泳"(have a swim)，但是在 give a N(v)中没有"游泳"(* give a swim)。从语义分析来看，进入 give a N(v)结构的移动类动词自带移动方式的比较多(例如 jump、lurch、leap)，强调动作的突然性。dance 的移动方式与其他移动类动词完全不同，dance 不以移动为目的，移动源方向和目标方向都不重要。leave 不是一个具体动作而是一个事件，有一个固定的参照物。移动类动词描述移动主体发出动作，移动主体同时又是该动作的承受者。进入 give a N(v)后，移动类动词与 give 共用施事，由于自身不及物，因而没有为该结构引入间接宾语。

七、接触类

接触类动词($V_{contact}$)用来描述施事直接或间接地通过某种工具对受事施加物理的力的行为。通常而言，接触类动词的行为过程涉及两个参与者，即施事与受事，两者间的能量传递属于物理能量交互。本书在 BNC 中共检索到接触类动词语料共 467 条，包含接触类动词标注施事及受事的 give X a $N(v)_{contact}$ 形式和只有一个参与者的 give a $N(v)_{contact}$ 形式。[①]

从语料来看，give a N(v)结构中接触类的动转名词数量最多(使用频率最高)、种类最多(词义种类最多)。接触类动词描述主体之间的互动关系，使用频率高、词义种类多，体现了互动在人类社会中的重要性。

(一)句法搭配

接触类动词是施事主体主动发出的行为，与 give 共用施事主语。接触类动

① 常见短语包括但不限于 give (X) a cut/push/kick/vote/mix/bite/flip/hug/kiss/burn/click/flick/knock/peck/punch/stir/tug/tweak/weave/shake/wash/cuddle/slap/shove/blow/lick/smack 等。

词是及物动词,至少有两个参与者,因此可以引入间接宾语。

1. 基本句子结构

接触类动转名词进入 give a N(v)结构后可以单独使用,也可以引入间接宾语,因此基础句子结构有以下(a)(b)两类:

(a)Subject + give * + Indirect Object + (Adjective) Direct Object + (other sentence elements)

(b)Subject + give * + (Adjective) Direct Object + to + Indirect Object + (other sentence elements)

接触类动词本身可以有两个参与者,进入 give a N(v)结构后与 give 共用施事,单独使用时表强调接触动作本身。见以下例句:

(63)The whole country is hoping the pact will ***give a push*** to exports.

(64)Lily was walked a few steps into the garden by her partner and ***given a kiss***, she quite cheerfully accepting this custom of the country.

(65)He smiled and ***gave a hug***.

接触类动词的特点就是携带受事,独立使用的例子实际上并不多,因为该用法需要满足很多具体条件。例(63)在表面上独立使用 push,但实际上,动词不定式短语 to exports 是 push 的对象,该句译为"举国希望该协议能推动出口"。例(64)中 kiss 单独使用是因为 give 的间接宾语被提升至主语位置,该句为被动句式,译为"莉莉被她的伴侣带进花园几步,亲吻了一下,她很高兴地接受了这个国家的习俗"。例(65)中真正单独使用了 ***hug***,该句译为"他微笑着拥抱了一下"。间接宾语未出现有两种可能情况:一是说话人的注意力未放在被拥抱对象上,忽略该信息;二是被拥抱对象在前文已提及或者存在于物理语境中,是交谈双方的已知信息,因此省略该信息。give a N(v)$_{contact}$ 单独使用的情况较少,携带间接宾语的情况更为常见。见以下例句:

(66)But I'm going to ***give it a shot***.

(67)***Give the furniture a rub*** with the dust cloth before the guests arrive.

(68)If the door won't open, ***give it a kick***.

(69)I'll ***give you such a whack***!

(70)Make a well in the middle of your dry ingredients and pour in the wet mixture, then ***give it a good mix*** together.

由以上例句可知，间接宾语进入 give a N(v) $_{contact}$ 结构的例子最为常见。从语料观察来看，give a N(v) $_{contact}$ to X 的例子有但数量不多，在这一结构中，间接宾语位置靠后，导致交际动力增加，只有特殊语境才能支持这个结构。接触行为不局限于直接接触，也可以通过工具接触，因此存在介词引入第三个参与对象的情况。例(67)中 with the dust cloth 就是通过工具进行接触，该句译为"在客人到达之前，用抹布把家具擦一擦"。

2. 修饰成分

give a N(v) $_{contact}$ 结构允许形容词进入其中修饰动转名词，描述质、量、方式、程度等，该结构与介词短语搭配的情况也很常见，除了用 to NP 来引入间接宾语，还有用介词引入工具（with NP）或者其他参与者（by/of/on NP）的情况。见以下例句：

(71) The boy rushed out in fear and ***gave the dog a fatal blow***.

(72) He ***gave her a gentle push***.

(73) He laughed and ***gave a cuddle to his father***.

(74) The doctor ***gave the elephant a small shot*** of tranquillizer.

(75) Jim, in a hurry, ***gave a perfunctory flip*** of his ID wallet.

(76) Resolutions to ***give shareholders a non-binding vote*** on managers' pay have garnered decent levels of support.

例(71)中 gave the dog a fatal blow 意为"给狗 致命一击"，fatal 描述力量传递造成后果的严重程度；例(72)中 a gentle push 意为"轻轻一推"，gentle 描述力度大小；例(74)比较特殊，因为 shot（原型为 shoot）在句中指注射针剂，这是转喻（metonymy）用法，用动作代替内容（用注射动作代替注射的药剂），已经不是本书讨论的接触类动词范畴，small 表计量，of 引介针剂的具体药剂；例(75)中 perfunctory 指方式（敷衍的），of 引介翻找的对象，该句译为"吉姆十分匆忙，敷衍地翻动了一下他的身份证钱包"，汉语中无法找到对等的语法结构传达例句原意，只能使用实义动词短语；例(76)中介词短语 on manager's pay 受动转名词 vote 做动词时的搭配习惯影响，是个案，实际上 on 的使用不如 of 普遍。

(二)语义分析

“接触类动词”是一个泛称,指参与的主体之间有接触,接触可以是直接接触也可以是间接接触,即通过工具接触,施事以有生命实体居多,被接触对象不局限于有生命实体,主体之间的接触行为的发出部位没有太大限制,但是认知行为没有被包括进来,接触主要还是指物理接触,不过类似 vote 这样的抽象接触行为也被包括进来了。接触的目的没有限制,接触的方式和力度与接触的目的有关(例如 give a kiss、give a kick)。

接触类动词都是及物动词,语义种类繁多且一般都暗含动作方式(例如 tweak: to pull or twist sth. suddenly),共性有:都有两者(多者)接触行为;施事多为有生命实体,被接触对象可以是有生命实体也可以是无生命实体;进入 give a $N(v)_{contact}$ 结构后与 give 共用施事。

八、抽象类

有些在语料中的进入 give a N(v)结构的词很难归类,共同语义特征是表示抽象交互关系,本书将这些词统称为“抽象类动词”。本书在 BNC 中共收集到 811 条包含 37 个不同的抽象类动词的语料。① 总体来讲,这些动词都是及物动词,有两个参与对象,但是行为事件不一定涉及接触,因此不能归为接触类。这类动词进入 give a N(v)结构后,该结构可有以下两种形式:give a $N(v)_{abstract}$(单参与者),give X a $N(v)_{abstract}$(两个参与者)。

(一)句法搭配

抽象类动词既包括及物动词也包括不及物动词,总体来看,及物动词数量

---

① 常见短语包括但不限于 give (X) a lead/start/boost/display/guarantee/twist/measure/break/return/run/focus/reprieve/share/rest/estimate/try/welcome/treat/help/quote/finish/support/grasp/pass 等。twist 的词典意义多为表动作的“使弯曲,扭动,蜿蜒”等,抽象意义是“(故意)歪曲,曲解”,没有“转折,转向”的抽象意义,这个抽象意义是 twist 进入 give X a N(v)结构后出现的。run 在 give a run 结构中所表达的意义并非为“跑”,而是“管理,经营”。break 做动词时并没有“休息”的意义,本义是“(使)破、裂、碎”,引申为“中断”,give a break 中 break 表“休息”的意思来源于“中断”。return 的本义是“回来,返回”,进入 give a return 后,多用其引申义,例如:In some cases, the metal values give a return for dust recovery.(在某些情况下,回收金属的价值可抵偿粉尘回收费用。)/ In normal circumstances, the listed companies should give a reasonable return to the investors.(在一般情况下,上市公司应该给予投资者合理的回报。)

较多，give X a $N(v)_{abstract}$ 结构更为常见。除了少数有使役意义的动词（如 pass），抽象类动词进入 give a N(v)结构后，都可以与 give 共享逻辑主语，结构中的间接宾语多为动转名词的目标或受益者。

1. 基本句子结构

通过语料可知，抽象类动转名词进入 give a N(v)结构后，由于参与者数量[①]不同，形成以下三类基本句子结构：

（a） Subject + give * + (Adjective) Direct Object + (other sentence elements)

（b） Subject + give * + Indirect Object + (Adjective) Direct Object + (other sentence elements)

（c） Subject + give * + (Adjective) Direct Object + to + Indirect Object + (other sentence elements)

抽象类动转名词原为及物动词，进入 give a N(v)结构后可将间接宾语引入，或者将其省略。需要注意的是，本书收集到的语料中有很多祈使句结构即(b)结构的例子。另外，比较特殊的是，比较少见的被动式句子也出现在语料中。

抽象类动转名词语义较散，观察例(77)至例(85)：

(77) I'll take over for a while to ***give you a break***.

(78) ***Give it a rest***, will you? We're trying to get some sleep.

例(77)中的 break 与例(78)中的 rest 都是"休息"的意思，但在语义上有细微差别：break 是"(使)破，裂，碎"的意思，转义为"中断"；rest 指的是身心上的放松，因此本书第三章将其归为"姿势类"。由"中断"而来的引申义"休息"明显是借代的用法，即用事件的时间状态代替抽象事件；同理，由"休息姿势"代替休息事件也是一种借代，即用部分代替整体。因此 break 和 rest 在本章被归类为抽象概念类动词。

(79) This policy will ***give a boost*** to the national economy.

(80) They worked hard to ***give their children a good start in life***.

---

① 通常而言，give X a N(v)以及 give a N(v) to X 的形式包含两个参与者，而 give a N(v)的形式则只包含一个参与者。通过 of 等介词连接的形式，可将至多三个参与者引入到 give a N(v)结构之中。

(81) We're working on something that will ***give the company a run for its money***.

(82) If he could come, we would ***give him a warm welcome***.

例(79)中的 give a boost 是很常见的短语,后面跟"to+ 推动对象";例(80)中的 give sth. a start 也很常见,good start 意为"好开端",bad start 意为"坏开端";例(81)中的 give a run 与 have a run 意思并不一样,前者可有"运作,管理"之意,后者意为"跑步",例(81)的句意为"我们正在致力于做一些能和这家公司竞争的事情";例(82)中的 give sb. a welcome 已经习语化,更常见的是与表方式和程度的形容词搭配,例如 a warm welcome(热烈欢迎)。

(83) You should ***give a lead*** in respect of disarmament talks.

(84) Start with something basic, then ***give it a creative twist***.

(85) I don't think I'll be any good at tennis, but I'll ***give it a try***.

例(83)中 lead 是"引领"的意思,由"带路"这一具体动作衍生而来,本句译为"你应该在裁军谈判方面发挥领导作用",可见汉语中没有对应的轻动词短语结构。give a N(v)$_{abstract}$ 结构中不携带间接宾语是非常特殊的现象,本句存在这种情况可能是因为间接宾语是已知信息。例(84)中的 twist 本义是"使扭曲"的意思,进入 give a N(v)结构后一般用其引申义,本句译为"从一些基本的东西开始,然后给它一个创造性的转折",twist 引申义为"转折" 。例(85)中 give it a try(尝试一下)与 have a try 译成汉语时没有差别,但是英语原文有细微差别,前者强调主观意愿,后者则没有强调意愿和动作,仅仅指出要发生某一事件或做出某一动作。

2. 修饰成分

所谓"抽象类动词"是指难以归类的、发散存在的动词,及物的、不及物的都有,进入 give(X) a N(v)结构后,动转名词的修饰成分受转换前动词本身特点的影响,形容词修饰语或者介词短语修饰语多种多样。观察例(86)至例(92):

(86) It's up to the government to ***give a lead*** <u>on housing policy</u>.

(87) Can you ***give us a quote*** <u>for the whole job</u> ?

(88) Follow the expert and ***give your digestive system a treat*** <u>with a cleansing combination of fruits</u>.

(89) Applying it with your fingers will ***give a <u>nice natural</u> finish***.

(90)...for us to definitely reclaim the word "elder" and ***give it a modern twist***.

例(86)中的 on housing policy 明显与 lead 关系密切,on 引出 lead 的具体内容;例(87)中的 for 引出 quote 的对象;例(88)中的 with 引出 treat 的工具和内容;例(89)中的 natural 是 finish 的状态;例(90)中的 modern 是 twist 的种类。

(91)The course is designed to ***give you a grasp*** of the basic rules.

(92) He ***gave a resume*** of the year's work and wished the team another successful year.

例(91)与例(92)中的 of 引出所修饰的动转名词的内容,***give you a grasp*** of the basic rules 意为"让你掌握基本规则",***gave a resume*** of the year's work 意为"给出了今年的工作概述"。

(二)语义分析

抽象类动转名词比较有共性的特点是:一般不再用动词的原义,多用其引申义(抽象义)。这些动转名词构成的 give a N(v)结构通常已经成为惯用语,不是创新用法。

抽象类动词进入 give a N(v)结构后的意义都是抽象引申义,并不指具体动作。一部分动词原本描述具体动作,但在进入 give a N(v)结构后语义范围缩小,只保留某一抽象意义,例如 run 在 have a run 中表示"跑步",描述实际动作,而在 give a run 中表示"操作"或"运行"。另一部分动词本身就描述抽象行为,例如 reprieve 意为"暂缓终止",在进入 give a N(v)结构后仍然表抽象动作意义:I thought a weekend away with Ian would ***give me a reprieve***.(我以为和伊恩出去过一个周末能让我喘口气)。从论元结构来看,抽象类动词既包括单论元动词,也包括多论元动词。

结语

本书在 BNC 中检索了符合本书定义要求的 give a N(v)结构,并按照进入该结构的动词的语义进行了分类,包括:感知类动词(感知主体通过感觉器官主动感知刺激物,例如 give a look)、情感类动词(主要指情感体验,喜、怒、哀、乐、爱、恨、惊、惧等,是情感体验主体针对体验对象的某种体验,动作指向体验者自身,对体验对象影响不大)、谈话类动词(描述一个交际场景或交际事件,参与者包括谈话主体、谈话对象、谈话内容,例如 give a talk)、示意类动词(指用手势、姿势、表情等肢体动作或面部动作进行示意的行为,例如 give a nod)、发声类动词(动作主体通过发出某种声音来宣泄某种情绪,示意类动词传达比较固定的社交意义,而发声类动词仅表示宣泄情绪,例如 give a cry)、移动类动词(行为主体有位置移动,例如 give a jump)、接触类动词(描述施事直接或间接通过某种工具对受事施加物理的力的行为,例如 give a kick)。不属于这七类语义、表示抽象交互关系的动词,本书将其统称为"抽象类动词",这些动词描述抽象动作。作为实义动词的 give,从认知语言学角度来看,涉及能量传递。give a N(v)结构是轻动词短语结构,轻动词通常失去实义内容,但 give 做轻动词时没有完全失去自身的实义内容,对 give a N(v)的结构意义仍有影响,因此 give a N(v)结构的能量传递仍在实义动词 give(NP)NP 的框架下。此外,give a N(v)结构中的名词是动转名词,做动词时也涉及能量传递,因此本书的基本假设是:动词可以进入 give a N(v)结构的条件是该动词进入 give a N(v)结构之后不会影响 give (NP) NP 结构能量传递的合理性。分析能量链传递的基础是动转名词作为动词时的语义,以此来解释能量传递方向、该动词可携带的参与者数量,以及能量传递方式。本章为下一章的分析提供理论背景。本书下一章将着重分析行为链理论,描述具有不同语义的动转名词进入 give a N(v)结构的行为链,并揭示各自的能量传递模式。

第七章 give a N(v)行为链分析

认知语法的一个中心观点是符号单位在正确语法结构的描述中被凸显，所有语法结构都具有某种概念意义。“意义”是相对于认知领域而言的，其中许多是 Lakoff(1980)所说的“理想化认知模型”(Idealized Cognitive Model, ICM)。世界是由离散的物体构成的，每个物体(在给定时刻)占据不同的位置。一些物体能够四处移动并与其他物体相互作用，特别是通过直接的物理接触相互作用。运动由能量驱动，一些物体能够在内部产生能量，另一些物体必须从外部获得能量。语言是对世界的描写，物理世界中物体接触所产生的能量流动也必然反映在句子结构中。Langacker(1991a)将能量传递和流动构成的痕迹称为“行为链”(action chain)。本章首先介绍行为链的基本原理，然后分析 give (NP) NP 的行为链，最后具体分析 give a N(v)结构的行为链模式，解释能量传递对动转名词的限制。

一、行为链理论的基本原理

塔尔米(2012)的“概念构建系统模型”(Conceptual Structuring System Model)认为概念构建系统由四个图式系统构成：构形系统(configurational structure system)、注意力系统(attentional system)、视角系统(perspectival system)、力动态[①](force dynamics)。动态(dynamics)通常可理解为“(人或事物)相互作用的方式”，力动态是以动态力学原理为认知依据来构建语言概念结构的基本图式。Langacker(1990)将物体相互作用所形成的能量流动——物体 a 与物体 b 有力接触，导致能量传递，物体 b 因受力而再与物体 c 接触，直至力被完全消耗或消化——称为“行为链”。实际上，行为链是构成小句概念的一系

① “力动态”是束定芳(2008)的术语译文。

列认知模型的原型概念之一。理解行为链需要了解其他概念模型。

(一)行为链的认知原型

认知模型是我们的经验和世界观的基础,是与小句结构有关的语法结构的原型价值基础,与语法意义同样重要的是事件的结构,更准确地说,是事件外部概念的结构。[①] 早在关于名词与动词的讨论中,兰盖克(2004b)就引入了"台球模型",该模型涉及时间、空间、物质实体与能量。

1. 台球模型

具体来讲,所谓"台球模型"是指能量传递至受冲击物,导致后者也移动,并且可能移动到与其他对象交互,就像打台球时的情形一样:白球是母球,是台球中传递能量的起始点,球杆击打白球,白球获得能量,产生移动,撞击其他球,部分能量传递给第二个球,理论上第二个球会撞击第三个球,并将能量继续传递下去,直至最后一球入袋,网袋收取所有剩余能量。按照这一思路,能量传递可以解释为一个(能量传递)行为链,涉及传递方向和传递过程。在行为链中,某实体,可以是物体或生物,是能量的"头"(the Energetic Head),从这一源头开始,能量向第二个实体传递,这样继续下去,最后一个实体只消耗剩余能量,而不再继续发散能量,它被称为行为链的"尾"(the Tail of the Action Chain),见图 7.1:

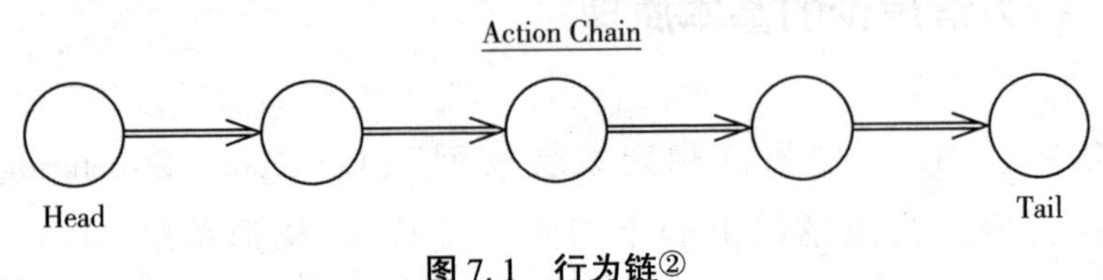

图 7.1 行为链[②]

图例

1) ○:参与者

2) ⇒:能量流动方向(未被凸显)

如图 7.1 所示,能量"头"(Head)是能量传递的起始点,双箭头表示能量传递以及传递方向,圆代表参与者,参与者个数是一个虚数,能量传递到"尾"部

① 兰盖克,2004b。

② 兰盖克,2004b。

(Tail)即最后一个物体,能量被其消耗或吸收。

2. 舞台模型

所谓"舞台模型"(Stage Model)实际上讨论的是"视角"问题。一个事件就像舞台表演,有场景(setting)、有参与者(participant)、有互动,我们就像是观看表演的观众,受限于认知能力、兴趣和注意力而无法全面并细致入微地观察所有舞台内容。在任何时候,我们的视线都是向外的,只能关注自身周围世界的有限部分。换言之,我们只能将注意力集中在某个外部区域,在该区域中,动作像在舞台上一样展开,演员在舞台上走动,处理各种道具,演员之间有各种互动,构成各种情景(situation),我们从自己的观察视角出发将情景组织成更大的场景。事件总要有一个发生地点,例如"孩子们在花园中玩耍","花园"是孩子们玩耍场景的处所(location)。典型的参与者通常是人、动物或其他离散的物体,因为他/它们在特性上易于进行活动和发声互动,而表处所类的参与物一般被看作"承载参与物",在事件或场景中占据位置,但并不参与互动,当然,如果它们参与互动了,就不再是处所了,例如在句子"炸弹炸飞了花园"中,"花园"就是参与者而非处所。综合舞台模型和台球模型,Langacker(1990)抽象出了"原型动作的常规观察模型",见图 7.2:

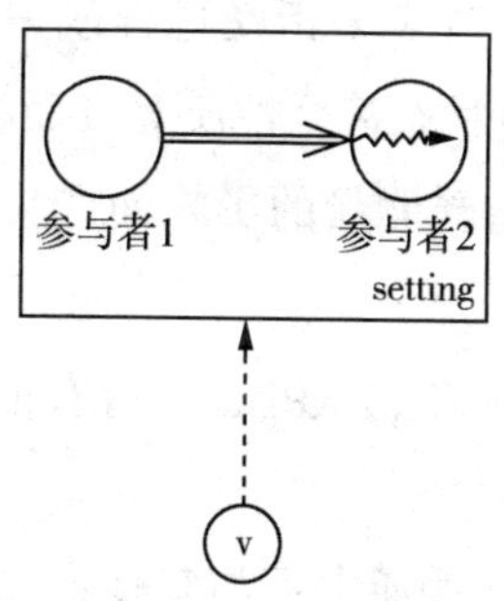

图 7.2　原型动作的常规观察模型

图例①:

⩘⩘⩘► :受事吸收能量,产生变化

如图 7.2 所示,行为链被看作一个能量传递事件,参与者 1 作为能量源,通过直接接触将能量传递给参与者 2,参与者 2 吸收能量并产生变化,此事件被视

① 此图开始只提供新图例,未标注的可参见图 7.1。

为一个场景,场景之外的参与者是舞台模型为我们贡献的观察者视角。

3. 原型角色

上文提到场景是观察者对参与者的互动和行为的组织。和舞台上不同演员有不同表演一样,参与者在事件中各自扮演不同角色。Gruber(1965)和Fillmore(1968)相对系统化地描述了参与者角色①问题。Langacker(1990)的参与者角色概念基于"舞台模型":舞台上每一个参与者都必然扮演某一角色,同样,句子中的参与者也都有自己的角色。Langacker(1990)特意强调说,他的语义角色概念听起来像 Fillmore 以及很多其他研究者的语义角色或格的概念,但实际上,他的参与者角色概念并不是在讨论具体语言构成,而是在提出一个个角色原型(role archetype),这些原型的作用就像语音学中提出一些基本元音(cardinal vowel)做元音的参照点一样。Langacker 将参与者角色分为以下几种:

(1)**施事(AGENT,AG)**:典型施事指一个为发动行为或行为过程(动词所描述的过程,换言之,参与者之间的互动/交互关系)提供能量的实体,常见为有生命实体。

(2)**工具(INSTRUMENT,INSTR)**:典型工具指被施事使用的东西,常见为无生命实体,作用是影响受事。

(3)**受事(PATIENT,PAT)**:受事指受过程或关系影响的实体,有生命或无生命均可,在能量作用下产生状态甚至性质等方面的变化。

(4)**移动者(MOVER)**:指受能量的影响而产生位置变化的实体,有生命或无生命均可。

(5)**体验者(EXPERIENCER,EXPER)**:指有能力进行认知活动的有生命实体。

(6)**零角色(ZERO)**:指那些通常不与其他参与者产生关系的参与者,没有具体语义角色,其存在起占位作用。

考虑到行为链中承受能量的参与者的角色不同,兰盖克(2004a)在行为链图中定义了不同的图例,见图 7.3:

① 参与者角色(participant role)一般指谓词所描述的事件或活动中对所涉及的对象的范畴界定。在句法与语义研究中,这种参与者角色承担许多不同的名称,如深层语义格(Deep Case)、题元关系/角色(Thematic Relation/Role)、语义角色(Semantic Role)、论元角色(Argument Role)等。很多语言学理论都对参与者角色进行了较为全面的论述,如认知语言学中的格语法(Case Grammar)、转化生成语法中的题元理论(Thematic Theory)、角色与指称语法(Role and Reference Grammar)等。

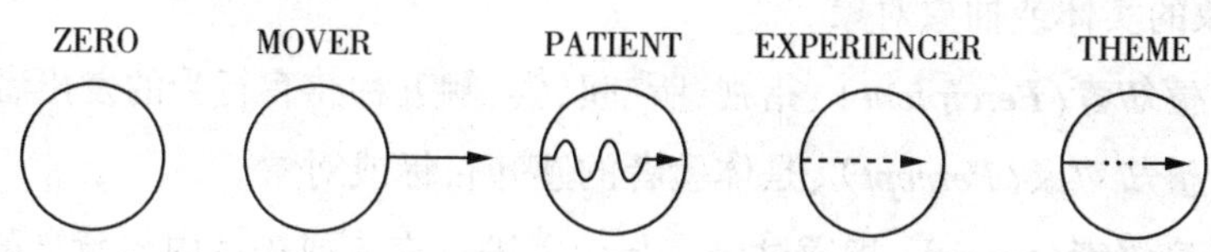

图 7.3　行为链参与者角色

图 7.3 旨在描述几种基本的主题角色：***零角色***，由于没有与任何参与者产生关系，因此只有一个圆；***移动者***相对于环境来说产生了位置移动，因此箭头在外；***受事***吸收了能量，承受内在变化，因此曲线箭头在圆圈内部；***体验者***经历的是心理体验，因此圆圈内是虚线箭头；***主题(THEME)***特指主题关系中的参与者，即在事件中为注意力焦点从而在语言编码中处于焦点的参与者。

每一个研究者对于关键术语的界定都会立足于自身研究的特点和需求，Langacker 也不例外，他认为在分析具体问题时，研究者可以依据研究目的和需要来对参与者角色进行细化和更改，实际上，大多数学者也都是这样做的。本书研究轻动词短语 give a N(v)的行为链，它与 give 做实义动词时的行为链的不同主要体现在参与者角色性质的不同上，N(v)是抽象名词，换言之，give a N(v)中的直接宾语并不是传统意义上的受事。能够进入 give a N(v)的动转名词的语义类型也相对有限，它们本身也会受到之前做动词时的影响而携带受事，因此情况更为复杂。为方便讨论，本书以 Langacker 的参与者角色定义为基础，根据其在行为链即能量传递中的具体角色，进一步细化了上述参与者角色，定义如下：

(1)***施事(Agent, AG)***：主动发起能量传递或维持能量传递过程的主体。

(2)***受事(Patient, PAT)***：承受能量，可能会因此发生性质、状态、位置等变化的主体。

(3)***目标对象(Goal)***：是能量流动的指向对象，但并没有或仍没有受到能量影响。

(4)***工具(Instrument, INSTR)***：能量传递过程中的媒介。

(5)***体验者(Experiencer, EXPER)***：经历相应心理活动或爱恨情仇、喜怒哀乐等心理状态的主体。

(6)***体验对象(Experienced)***：导致体验者心理状态发生变化或作为体验者

认知对象的实体或抽象对象。

(7)*感知者(Percipient)*:指视、听、嗅、尝、触五种感官行为的发出者。

(8)*感知对象(Percept)*:是体验者的感知目标或对象。

(9)*言语者(Sayer)*:指通过语言与他人进行交流或表达内容意义的主体。

(10)*言语对象(Hearer)*:言语者谈话或言说的对象。

(11)*行为者(Actor)*:自身的身体部位有状态变化的有生命的实体或自身位置产生移动和变化的主体。

(12)*受益者(Beneficiary)*:动作过程中的受益对象,有生命的实体优先。

(13)*执行者(Performer)*:抽象交互概念的执行者。

以上13个参与者角色中,前6个术语名称参考了Ungerer和Schmid(1996)对参与者角色的界定,"感知者""感知对象"的界定参考林正军(2011)的定义,"言语者""言语对象""行为者"的术语界定参考了Halliday(1994)在及物性系统中对参与者的定义。

兰盖克(2004b)在其后作品《认知语法基础II·描写应用》中,将本书图7.2"原型动作的常规观察模型"进行了修改,标注了参与者角色,见图7.4:

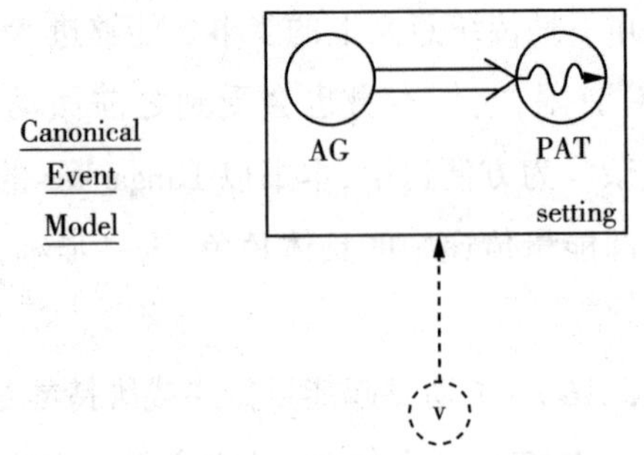

图7.4　典型事件模型

由图7.4可知,参与者角色标明了施事和受事,为区分观察者与事件参与者,观察者的图例改为虚线圆圈。

(二)行为链的语言编码

认知语言学本质上讨论人类自身经验对语言的影响,上文中提到的认知模型源自人类的经验和对物理世界的理解,这些经验和理解构成了人类的心理世界，为人类的语言结构及语义表征提供了域(domain)。人类把观察到的事件用语言说出来，就是对其进行语言编码(coding)的过程，即把概念结构与表达它们的语言符号(语言结构)联系起来。有些小句结构是对应事件的默认描述，该小句描述的情况是基本的概念原型即“典型事件模型”，而这种小句结构就是无标记的描述典型事件模型的编码，主动语态中描述第三人称参与者之间的互动的及物句就是高度未标记的结构，例如“Gerald chopped the onion with a cleaver.”描述了施事与受事的互动，与图 7.4“典型事件模型”相符，施事与受事恰好是行为链两端的参与者，在语言结构表征上与主语和宾语分别重合。

无标记的语言编码(unmarked linguistic coding)中行为链的头对应施事角色，行为链的尾对应受事角色。典型施事(archetypal agent)是为实义动词所描述的动作提供能量的，通常都是有生命的实体；典型受事(archetypal patient)是受到动词描述的动作所产生的能量传递影响的实体(有生命或无生命)。以“Tony is kicking the ball.”为例，见图 7.5 及相关说明。

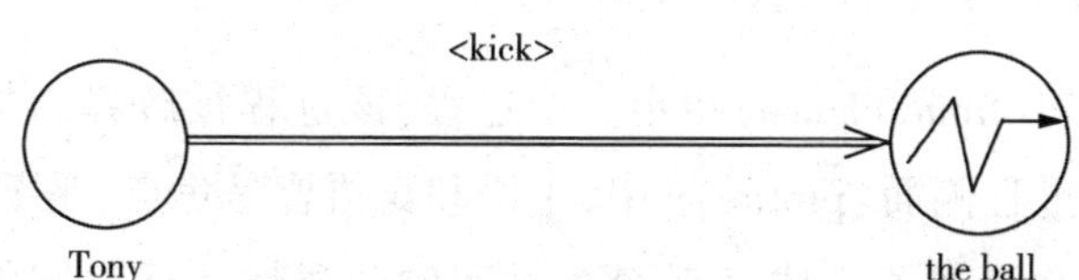

图 7.5　“Tony is kicking the ball.”的能量传递的行为链模型

图 7.5 描述典型的无标记语言编码模式，主语对应事件中的施事，即能量头，能量传递指向并作用于宾语(对应事件中的受事)，受事吸收能量，产生状态上的变化。

典型行为链虽然描述的是物理接触导致的能量传递，但是同样也能够描述心理活动或认知活动。人类的体验除了通过与外部世界有实际接触而获得外，还通过认知器官与外部世界产生互动而获得，例如看、听等，进一步说，人类对外部事物或更为抽象的认知对象产生心理互动，例如爱恨情仇等。人类可以用通过物理接触而产生的行为链投射心理互动行为。心理活动的发起者类似施事在行为链中的角色，被称为“体验者”(experiencer)，心理活动的感知对象与典型事件模型中的典型受事不同，不受感知者的感知行为的影响，因此被称为

“体验对象”(experienced)。

以“Tony loves the ball.”为例,套用典型的无标记语言编码模式,体验者(对应施事)编码为主语,发起心理体验活动(编码为谓语动词),体验对象(对应受事)编码为宾语,其行为链模型见图 7.6:

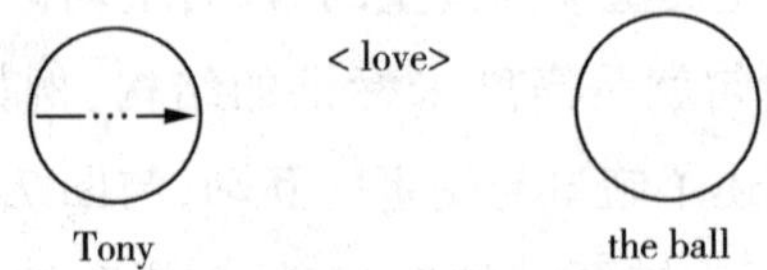

图 7.6 “Tony loves the ball.”的心理活动能量传递的行为链模型

图 7.6 与图 7.5 所示的行为链模型基本一致,但是由于心理体验活动在能量传递上是薄弱的,体验对象基本不受影响,受影响的反倒是体验者自身,能量链仍然留在体验者内部。情感体验并不是真正的物理能量,所以用虚线表示,虚线的箭头仍然指向体验对象,定位体验目标。

(三)行为链事件的视角选择

一个有限句(finite clause)指定一个过程,该过程被解释为构成单个事件或单个情景。过程侧面(profile)[①]中,主语和宾语皆是焦点,是突出的参与者,其自身的突出性增强了描述二者交互过程的凸显性。行为链的参与者是能量传递节点,包括能量源(head)和能量传递终点(tail)。假设原型行为链是包括典型参与者角色(施事、工具、受事)的句子,则句子“AG Verb PAT with INSTR.”的行为链如图 7.7 所示:

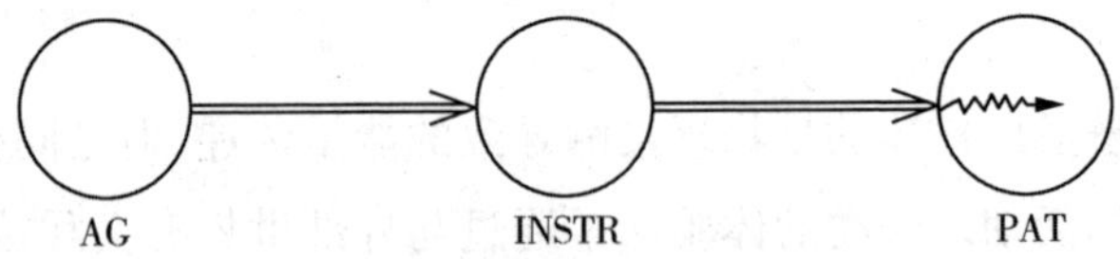

图 7.7 原型行为链模型[②]

① profile 即“侧面”,见本书第四章“侧面-基体”理论。

② Langacker, 1990。

由图7.7可知，施事(AG)是能量源，传递出能量(Verb)，能量流向工具(with INSTR)，进而流向受事(PAT)，最后被受事吸收。从语法功能角度来看，本句的施事和能量源是主语，受事和能量尾是直接宾语。实际上，主语、宾语和施事、受事的对应并不是绝对的，说话人凸显(profile)行为链中不同的参与对象时，不同的句子就会形成，例如：

(1) Floyd hit the glass with the hammer.

(2) The hammer hit the glass.

(3) Floyd hit the hammer against the glass. ①

以上3个例句的参与者数量不同，凸显对象不同，行为链表现形式有差异，见图7.8：

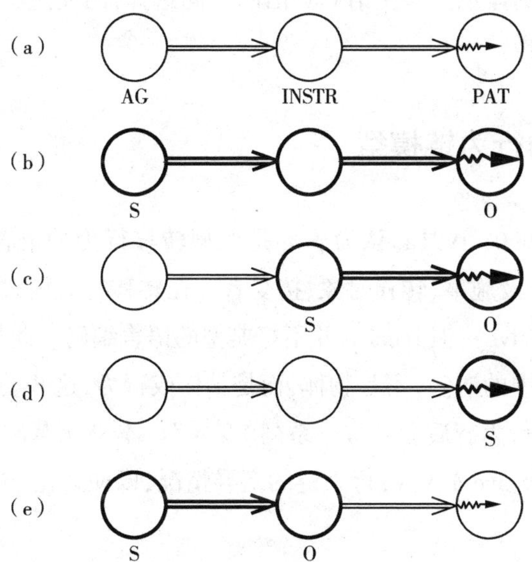

图7.8　行为链中不同参与对象的凸显

注：加粗表示被凸显。

图7.8(a)假设是典型或原始行为链，没有凸显任何参与者和能量流动，没有具体句子；图7.8(b)凸显(侧面化)整个过程，包括所有参与者和相互关系，例如"Floyd^{S}(施事) hit the glass^{O}(受事) with the hammer(工具)."；图7.8(c)

① Langacker, 1990。

凸显了事件过程中的工具和受事,以及工具和受事之间的关系,例如“The hammer^{S}(工具) hit the glass^{O}(受事).”;图7.8(d)凸显了事件过程中的受事,以及作用在受事中的能量,强调事件过程的结果,例如“The glass^{S}(受事) broke.”;图7.8(e)凸显了事件过程中的施事和工具,强调事件过程中的过程,例如“Floyd^{S}(施事) hit the hammer^{O}(工具) against the glass(目标).”,此句中hit是wield(挥,操,使用)的意思,against引介出来的glass并不是受事,而是工具作用的潜在对象,句子描述的是事件的前半段,还没有到结果那一段。通常,一个设想的事件是由许多实体构成的复杂的交互网络,这些实体可以解释为参与者,但事件中的交互和参与者不必全部凸显,只凸显部分参与者和关系也是可以的。假设有一个完整的未凸显任何部分的事件过程行为链图式,那么,凸显不同的参与者则体现为对主语和宾语的不同选择,凸显过程则体现为对谓语和其他成分的选择。

二、give的行为链模型

Langacker(1990, 1991a)认为give是典型转移行为的语言编码,是典型传递行为的投射,涉及施事、转移对象、接受者。在转移行为模式中有一个特殊的行为,即接受(receive),但receive并不是典型的语言编码。此外,本书所讨论的give a N(v)结构中的N(v)不是物体,而是动作或行为,这些动作或行为作为转移对象参与give行为链后会导致一系列“变异”。本书从基础的give行为链开始介绍,进而讨论give a N(v)行为链的变异情况,以便讨论give行为链对动转名词的限制。

(一)典型give行为链模型

假设一个事件十分接近典型事件模型,即事件参与者是原型角色的实例,例如在give事件模型中,典型角色包括施事(启动“给予”行为的主题)、转移物体(被转移的对象)和接受者①(接受转移对象的主体)。使用无标记的语言编码来描述典型事件固然方便、自然,但并不一定符合说话人的交际目的,说话人

① Langacker起初称之为“体验者-所有者”(experiencer-pocessor, EXPER-POSSR)(Langacker, 1990),后来改为“接受者”(receiver)(兰盖克,2004b)。

对于事件的编码有主观性。主语是小句中的句法主体(figure),是行为链中首先被表达出来的句子成分,凸显某个参与者并选其为主语能体现说话人(事件的观察者)选择的观察视角。实际上,give 事件涉及 give 和 receive 两个行为模型,见图 7.9:

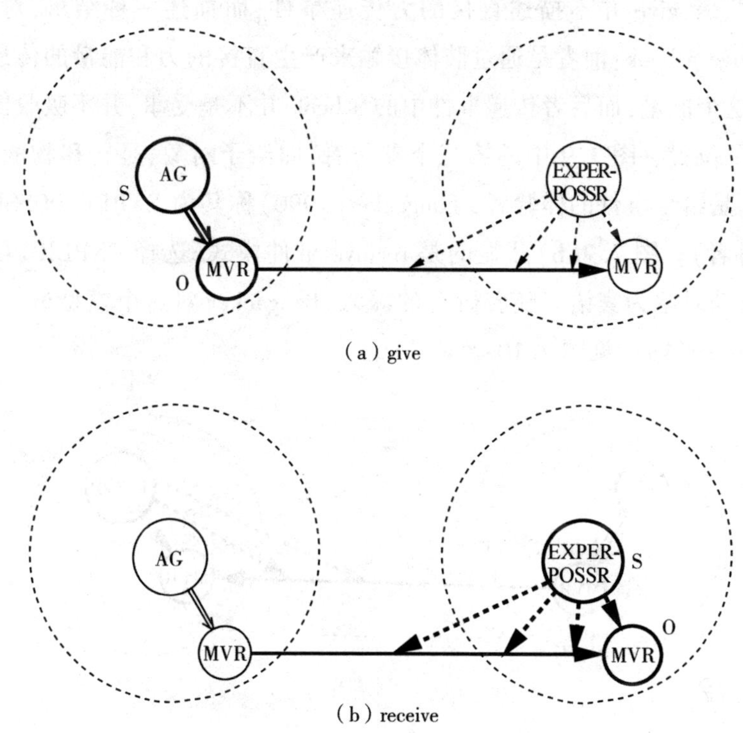

图 7.9　give 与 receive 的行为链模型①

图例:

1)◌:认知域

2)○:参与者

3)⇒:能量流动方向

4)→:由能量产生的移动

5)⟋ :复杂交互方式

① Langacker, 1990。

由图 7.9 可知，give 和 receive 存在于同一个行为链模型上，图 7.9(a)凸显 give 事件，在语言编码上体现为施事(AG)被编码为主语，移动对象(MVR)被编码为宾语，图 7.9(b)中的双箭头代表能量的传输，因为在 receive 事件中未被凸显，所以保持原样，而图 7.9(b)中的单箭头则表示 give 产生的移动结果。需要注意的是，give 并不描述直接的力传递事件，而描述一种结果，对比 kick him 和 give a book：前者是通过肢体接触来产生直接的力和能量的传递，受事接受了这个能量，而后者传递事件中的 a book 并不是受事，并不吸收能量，只是转移了位置。图 7.9 中的第三个参与者，即给予对象，是转移物的最终拥有者，也是给予事件的体验者，Langacker(1990)称其为 EXPER-POSSR(体验者-所有者)。图 7.9(b)凸显的是 receive 事件模式，选择 EXPER-POSSR 为主语，移动对象为宾语。随着研究的深入，Langacker 对这个模型进行了修改(兰盖克，2004b)，见图 7.10：

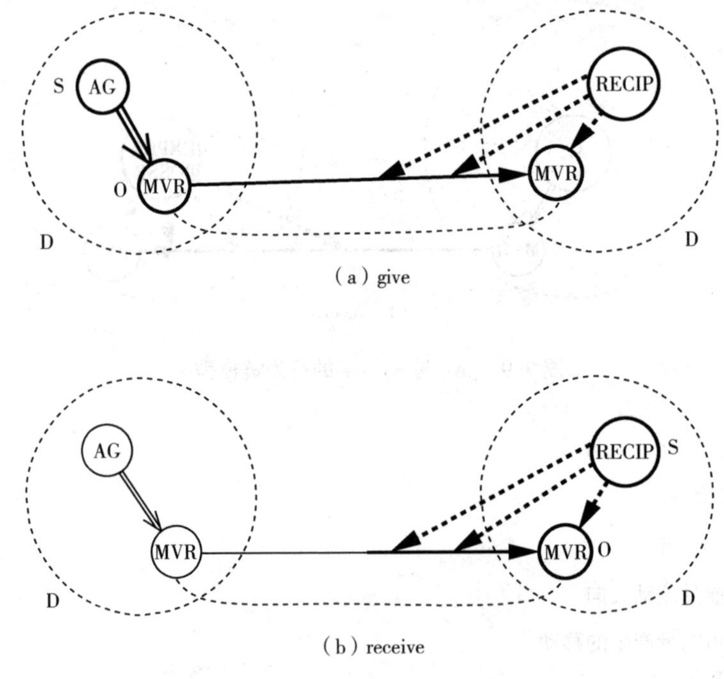

图 7.10　give 与 receive 的行为链模型修改

图例：移动轨迹

如图 7.10 所示，Langacker 明确标明了认知域 D(domain)和移动轨迹。在图 7.10(a)中所有参与者都被凸显，给予者(donor)发起能量传递(双线箭头)，作用在移动对象上，移动对象是被动参与者，编码为直接宾语，移动对象从给予域移动到接受域，接受者编码为间接宾语，其交互行为比较复杂，有作用在移动物上的交互动作，也有作用在传递过程上的交互动作。在图 7.10(b)中只有接受事件被凸显，接受者编码为主语，移动对象编码为直接宾语，receive 的能量传递仍表现为复杂的交互方式。

(二)give a N(v)结构的行为链模型

如本书第一章所述，轻动词的"轻"指实词语义的减轻，伴随而来的是轻动词构建语法结构的功能增强。give 做实义动词时描述给予事件，而作为轻动词时"给予"意义减轻，不再完全描述给予事件。例如"Jimmy gave me a book."(吉米给我一本书)描述给予事件，符合典型给予事件模型，参与者包括给予者 Jimmy(主语)、移动对象 book(直接宾语)、接受者 me(间接宾语)，移动对象是事物(具体、可移动)。相比之下，"Jimmy gave his brother a kick."(吉米给他弟弟一脚)这一句从语法结构上来看和"Jimmy gave me a book."一样，但所描写的事件并不是典型给予事件，参与者 1(Jimmy)与其说是给予者不如说是参与者 2(a kick)(动转名词)所描述动作的施事，参与者 2 不是可移动的移动对象，而是描述具体行为、由动词转化而来的名词，参与者 3(his brother)的语义角色不能对应接受者，因为"移动对象"是动作，"接受"是主动行为，而 kick 的"接受者"应该是受事。

轻动词短语 give a N(v)结构的语义在本质上并不是"给予"，而是 N(v)，例如"Jimmy gave his brother a kick."的意义其实是"Jimmy kicked his brother."，在谓语结构中占主要语义内容的是 kick[动转名词 N(v)]。我们可以从语用学研究视角来看待这个问题。V 与 give a N(v)分别构成一种强势表达和一种弱势表达，强势表达结构简洁、语义强烈而直接，弱势表达结构复杂、语义强度降低，将强势表达的语义柔和化，形成委婉和间接的效果，从而实现具体语境下的语用目的。因此，"Jimmy gave me a book."是典型给予事件模型，而"Jimmy gave his brother a kick."是典型事件模型，见图 7.11：

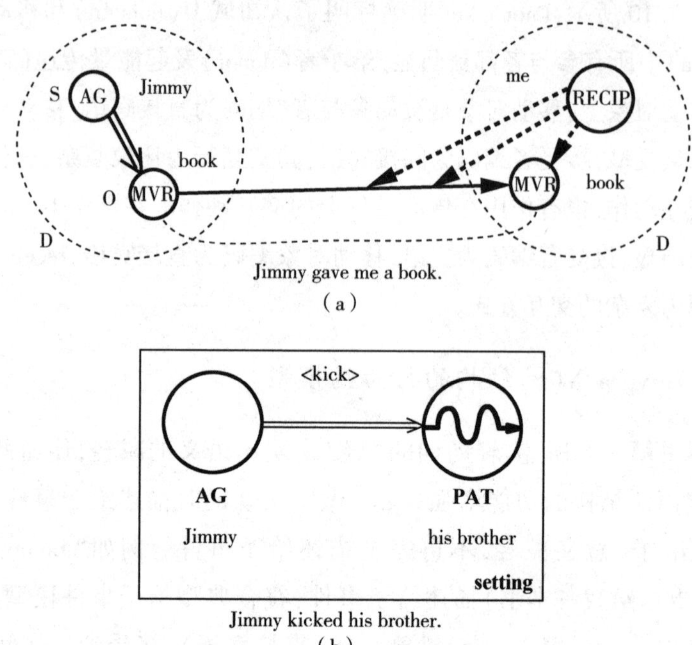

Jimmy gave me a book.

(a)

Jimmy kicked his brother.

(b)

图 7.11 典型给予事件模型与典型事件模型

从图 7.11 可见,典型给予事件模型与典型事件模型在行为链模式上完全不同。give a N(v)结构的复杂之处在于它在结构上与 give(NP) NP 相同,但在语义上与"施事—受事"模式相同,这就导致轻动词短语 give a N(v)结构行为链模型的变异,见图 7.12:

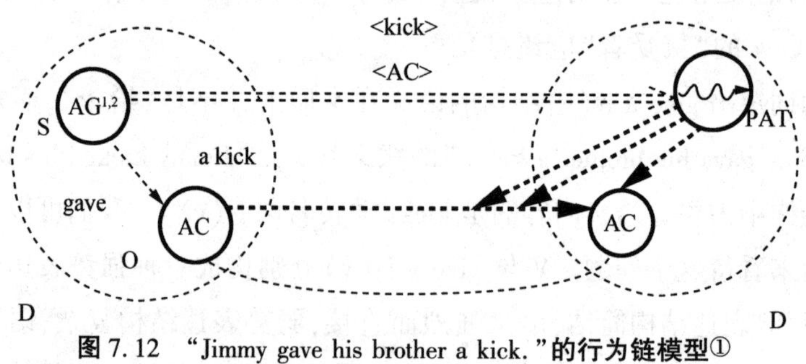

图 7.12 "Jimmy gave his brother a kick."的行为链模型①

注:加粗表示被凸显。

① 本书中的行为链图,除标注出处的,为本书研究成果。也可参见张坤(2021b),个别有修改。本图还可参见张丽娇(2023)。

如图7.12所示，本书假设轻动词短语 give a N(v)结构是对实义动词 give 结构的仿拟，小句结构中主语、直接宾语、间接宾语的选择与 give 一致，然而，实际语义仍是典型事件模型。结构仿拟但语义不同，因此，本书用虚箭头表示 give 标示的能量链，旨在说明该能量流动是虚拟流动，即假设流动。虽然是虚拟的能量流动，但是因为在句法结构上被体现，所以在行为链中被凸显。轻动词 give 已经失去“给予”的实词意义，参与者1实际上有2个语义角色，AG^1 是 give 赋予的“给予者”角色，AG^2 是动转名词做动词赋予的“施事”角色，Chomsky(1981)的语义角色准则(θ-Criterion)规定每个题元(argument)只能被赋予1个语义角色，因此 AG^1 是 give 赋予的显性语义角色，AG^2 是动转名词做动词赋予的逻辑上的语义角色。参与者2即 AC(Action Content)表明动转名词做动词时所描述的动作，这一动作才是该句的谓语语义内容，描述事件中参与者的关系和互动，但是由于该能量的流动是隐性的，图7.12中由双箭头虚线表示，没有被凸显。AC 所标示的行为链的能量作用于受事 PAT，这个位置在典型给予事件模型中是接受者，接受者并不是被动地承受并消耗能量，而是主动与移动对象产生互动。然而，在轻动词短语中，这个位置的参与者是能量的承受者。“Jimmy gave me a book.”“Jimmy gave his brother a kick.”这两个句子的被动语态形式能够体现出两个句子中语义角色的根本差别：

(1) Jimmy gave me a book.

(a) A book was given to me.

(b) I was given a book.

(2) Jimmy gave his brother a kick.

(a) * A kick was given to Jimmy's brother.

(b) Jimmy's brother was given a kick.

例(1)中的 book 是 give 模型中的移动对象，因此在 give 的被动语态结构中很自然地充当主语；例(2)中的 kick 不是移动对象，而是动作行为，本质上无法传递，因此在进入 give 的被动语态结构中充当主语时，语法形式可以接受但语义比较别扭。例(1)和例(2)中的间接宾语变为被动语态中的主语则都可以接受。上例涉及的是物理接触产生的能量传递，除此之外，轻动词短语 give a N(v)结构中的 N(v)还有表示心理交互的语义情况。以“Jimmy gave him a glimpse.”为例，此时行为链模型可见图7.13：

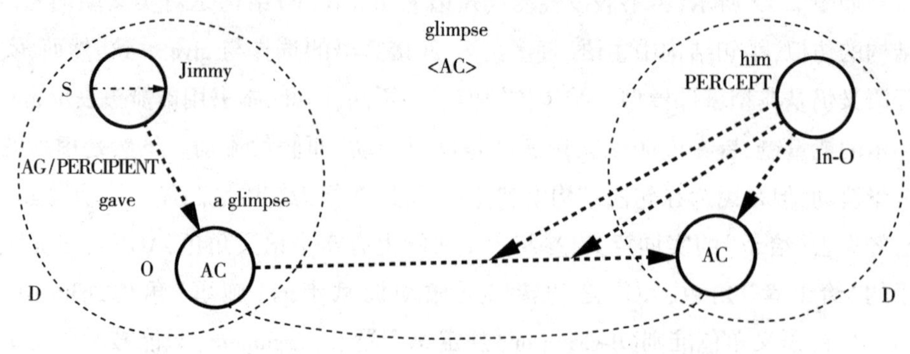

图 7.13 "Jimmy gave him a glimpse."的行为链模型

如图 7.13 所示,当动转名词 AC 所标示的行为过程是心理互动过程时,参与者 1 的实际语义角色是 give 赋予的"给予者"角色以及 AC 赋予的逻辑语义角色即体验者,前者的能量传递是虚拟的,后者的能量流动仅对体验对象有指向作用而没有实际接触,所以只对体验者自身有影响,例如"Jimmy gave him a glimpse."中对体验者的影响是看到目标。实际上,能够进入 give a N(v)结构中的动词的语义类型较为复杂,无法用典型行为链模型进行简单概括。下面对上一章介绍的 8 类进入 give a N(v)结构的动转名词的行为链进行细化。

三、give a N(v)结构的行为链细化

本书在 BNC 中收集到符合本书研究对象界定标准的 3 618 条包含 give a N(v)的语料,基于 N(v)转化前动词的语义特征将其分为 8 大类:感知类、谈话类、情感类、示意类、发声类、移动类、接触类、抽象类。每一类皆有对应的单参与者 give a N(v)结构以及多参与者 give X a N(v)结构这两种不同的表达形式,本书将对其分开论述。

(一)感知类 N(v)

进入 give a N(v)的感知类动词主要包括那些描写感知主体通过感觉器官主动感知刺激物过程的动词,这一过程一般包括 2 个参与者,即感知主体和感知对象(刺激物),动作是五感(hear、smell、look、touch、taste)。由此可见,这类接

触与典型事件模型不完全相同，感觉器官与感知对象是有接触的，显性的物理接触包括 touch、taste，隐性的包括 hear、smell、look。虽然有接触，但是这一事件关注的焦点不是感知对象，而是感知者从感知对象处获得的体验，比如听到的声音、闻到的味道、看到的景象、摸到的手感、尝到的味道等，感知对象是否受到感知行为或为感知而发出的能量的影响，并不在考虑之列。因此，感知类 N(v) 行为链模式与感知事件模型类似。

在前面图 7.13 "Jimmy gave him a glimpse."行为链模型中，体验者的能量在体验者内部，主要为了体现体验者是在交互事件中承受能量的主体。实际上，感知对象在感知事件中也承受能量，与感觉器官有互动，只不过，感知对象受到感知行为的哪种影响并不是事件焦点，换言之，观察者(看戏的人)的注意力没有放在体验对象上。感知类 N(v) 行为链中应该包括这缕能量，可以用虚线表示其未被凸显，据此，"Jimmy gave him a glimpse."行为链模型修改后如图 7.14 所示。

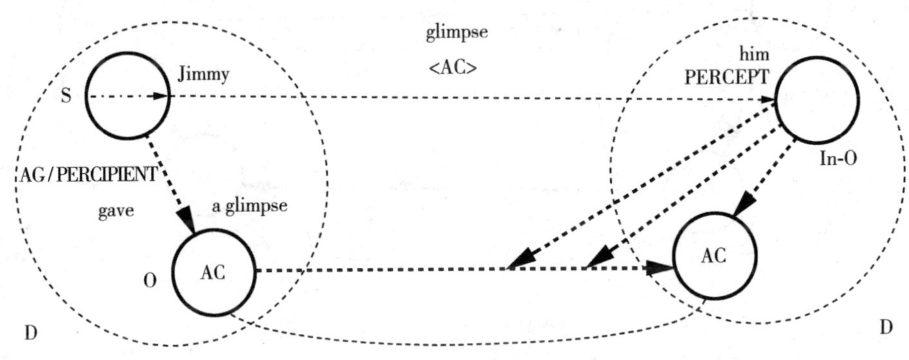

图 7.14　"Jimmy gave him a glimpse."行为链模型修改后

图 7.14 中的虚线箭头，加粗或不加粗，都标识虚拟能量交互，加粗则表示被凸显，give 施事(AG)与动作内容(AC)以及感知对象(EXPERIENCED)之间的互动都是假想的能量流动，由于它们在句子结构中分别占据主语、谓语、宾语位置，这些虚拟交互被凸显。相比之下，感知内部的能量以及感知主体与感知对象的交互是隐性的逻辑交互，在句法结构中没有体现，因此未被凸显。感知类动词多为及物动词，进入 give a N(v)结构后有时会携带自己的宾语，使其做该结构的间接宾语，构成 give X a $N(v)_{perception}$，如图 7.14 所示。如果 give a

N(v)结构中不出现间接宾语,即该结构为 give a N(v)$_{perception}$,则意味着间接宾语成分未在行为链中凸显。感知类 N(v)行为链的抽象总结见图 7.15:

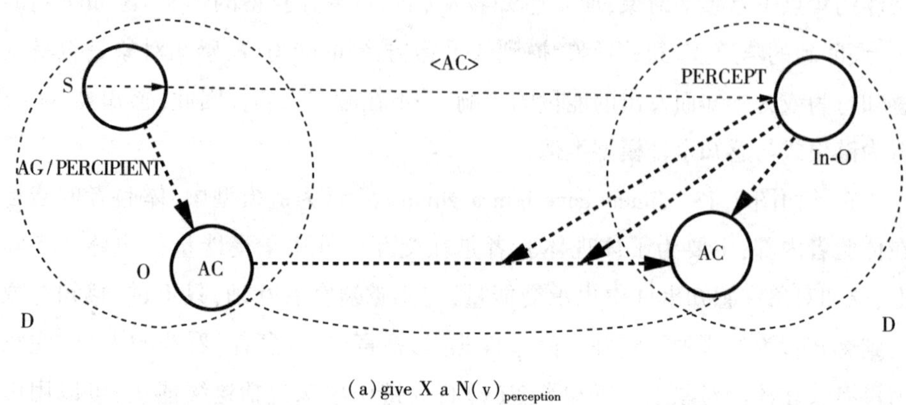

(a) give X a N(v)$_{perception}$

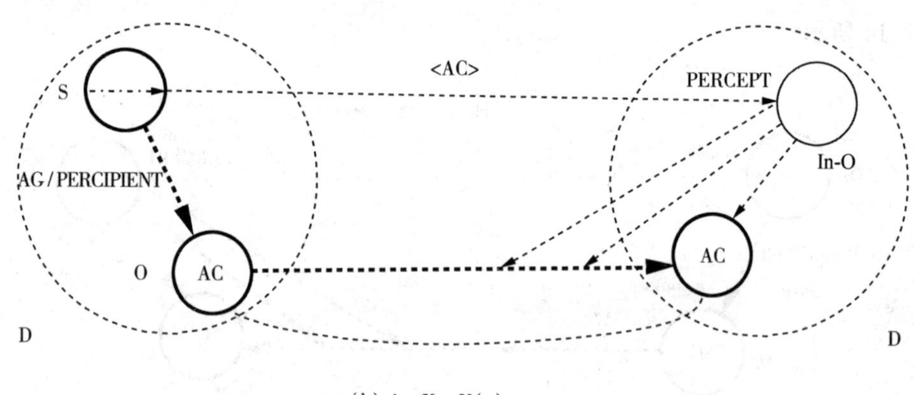

(b) give X a N(v)$_{perception}$

图 7.15　感知类 N(v)行为链

由图 7.15 可知,轻动词短语 give (X) a N(v)$_{perception}$ 在句法结构上仿拟了实义动词 give 的结构,但实义动词 give 携带的直接宾语通常是可移动的物体或可假意移动的抽象概念,轻动词短语 give (X) a N(v)$_{perception}$ 中的直接宾语则是由感知动词名词化而来的。give 赋予主语施事角色,逻辑上表达谓语动词的主要语义,在语法结构上凸显为参与者,而其标示的能量互动未被凸显,这一能量互动投射为深层语义关系,即认知行为过程,赋予主语逻辑认知者角色,间接宾语虽然在形式上是直接宾语的接受者,但在语义逻辑上是认知行为的认知对象，give X a N(v)$_{perception}$ 在行为链上凸显三个参与者，give a N(v)$_{perception}$ 凸显两个参与者。

(二)谈话类 N(v)

进入 give (X) a N(v)结构的谈话类 N(v)涉及谈话人、谈话对象、谈话内容，其中谈话内容大多由介词引介出来，例如 reply to one's question、report on the new energy 等，句法功能是做补足语(complement)。谈话类动词转名词后，谈话内容仍由介词引介，句法地位更倾向依附(dependent)于跟随的动转名词，而不是修饰整个谓语成分或做独立的句子成分。从能量链角度来看，give (X) a N(v)$_{talk}$ 结构仍然是对典型给予事件的仿拟：语法结构上，形式上的传递对象(移动者)是"谈话"行为，形式上的接受者是谈话对象；语义逻辑上，该结构描写的是谈话事件，能量传递的参与者是谈话双方，因此能量传递投射自动转名词，谈话对象位于能量链尾端。需要注意的是，谈话行为并不涉及"力"的传递，传递的"能量"形式是"话语内容"，谈话虽然没有物理能量流动，听话人不必消耗能量和产生变化，但是会受到谈话内容的影响——语言也是一种能量。换言之，谈话人对谈话对象造成的不是物理能量冲击而是精神力或精神能量冲击，能对谈话对象产生心理和认知层面上的影响。谈话对象虽受影响但不是受事，更像是体验者。相比之下，发话人本人类似于发出能量者，能量对自身没有影响，这与感知类事件中的情况完全不同。考虑到以上因素，谈话类 N(v)行为链见图 7.16：

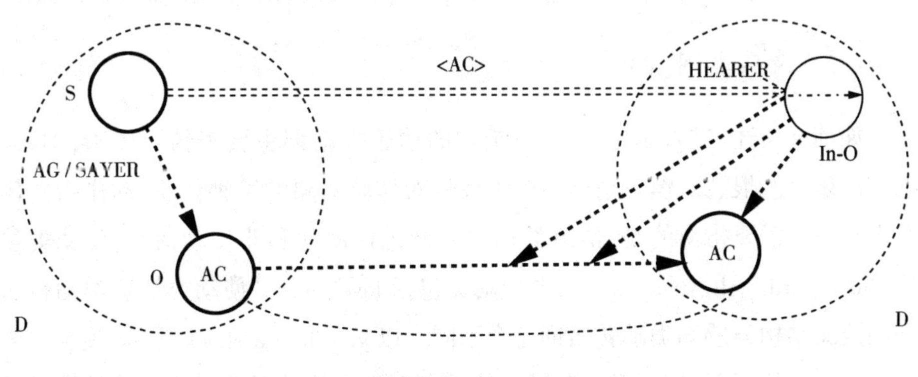

(a) give X a N(v)$_{talk}$

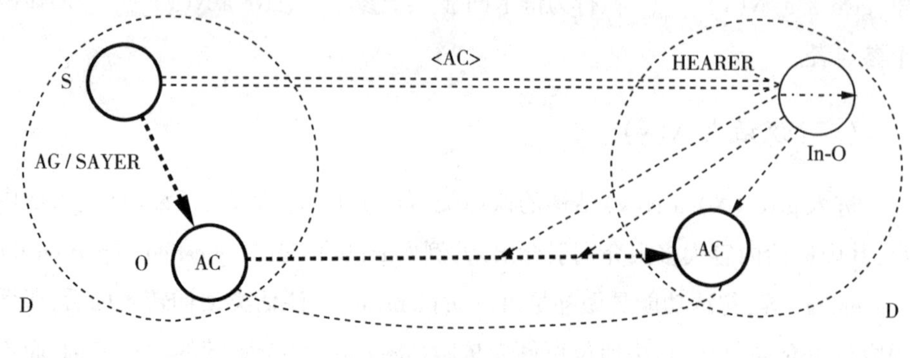

(b) give a $N(v)_{talk}$

图 7.16 谈话类 N(v)行为链

由图 7.16 可知,轻动词短语 give (X) a $N(v)_{talk}$ 仿拟实义动词 give 结构,参与者 1 在形式上是 give 的施事(AG),在逻辑上是动转名词所标示的谈话过程中的言语者(SAYER),形式施事的虚拟能量传递作用在仿拟移动对象即行为内容(AC)上,AC 虚拟从给予域移动到接受域,移动过程仿拟给予事件的虚拟移动,但实际上并没有发生真正的移动,所以都用虚线标示。give (X) a $N(v)_{talk}$ 中的 AC 是 talk 即“谈话”,它虽是名词但是由动词转化而来,是谓语结构的主要语义内容,因此将互动过程即能量流动投射到逻辑施事(言语者)和言语对象上。听话人听到话语,或者说收到精神能量,从而受到影响,因此是精神能量的吸收者和消耗者,在句子中会有形式体现,是凸显成分,在图 7.16 中用加粗标示,而隐性关系和语义未被凸显,在图 7.16 中用虚线表示虚拟或非实体能量。

(三)情感类 N(v)

如前文所述,进入 give a N(v)结构的情感类动词主要表情感体验,即喜、怒、哀、乐、爱、恨、惊、惧等情感体验主体针对体验对象的某种体验,动作指向体验者自身。需要指出的是,情感类动转名词包括使动和非使动两类,使动类包括 shock、thrill、jolt、shake、scare,非使动类包括 love、miss。使动类情感类动转名词的语义结构与感知类动转名词完全不同。以 give him a shock 为例,施事主语是 give 的施事,间接宾语 him 是情感体验者而不是体验对象。非使动类情感类事件的语义结构与感知类事件比较相似,例如 give him a love,间接宾语 him 是

love 的对象，同理，在 give his mum a miss 中，his mum 是 miss 的对象。

give X a N(v)$_{\text{perception}}$ 与 give X a N(v)$_{\text{affect}}$ 语义对比如下：

(1) AG (experiencer)⟶give ⟶N(v)$_{\text{perception}}$ ⟶X(experienced)

(2) AG(agent)⟶give ⟶N(v)$_{\text{affect}}$ ⟶X(experiencer)

(3) AG(agent)⟶give ⟶N(v)$_{\text{affect}}$ ⟶X(experienced)

由语义对比可知，感知类事件描述的是感知者与感知对象的交互关系，而情感类事件则涉及两种类型：在有致使意的结构中，间接宾语是情感体验者，而在没有致使意的结构中，间接宾语是情感针对对象。没有致使意的情感类动词不多，主要是 love 和 miss，这两种感情的情感体验比较复杂，而且这两种情感事件中的情感对象比较重要。基于以上分析，情感类 N(v)行为链中，动转名词原有使动意义的，描述如图 7.17 所示：

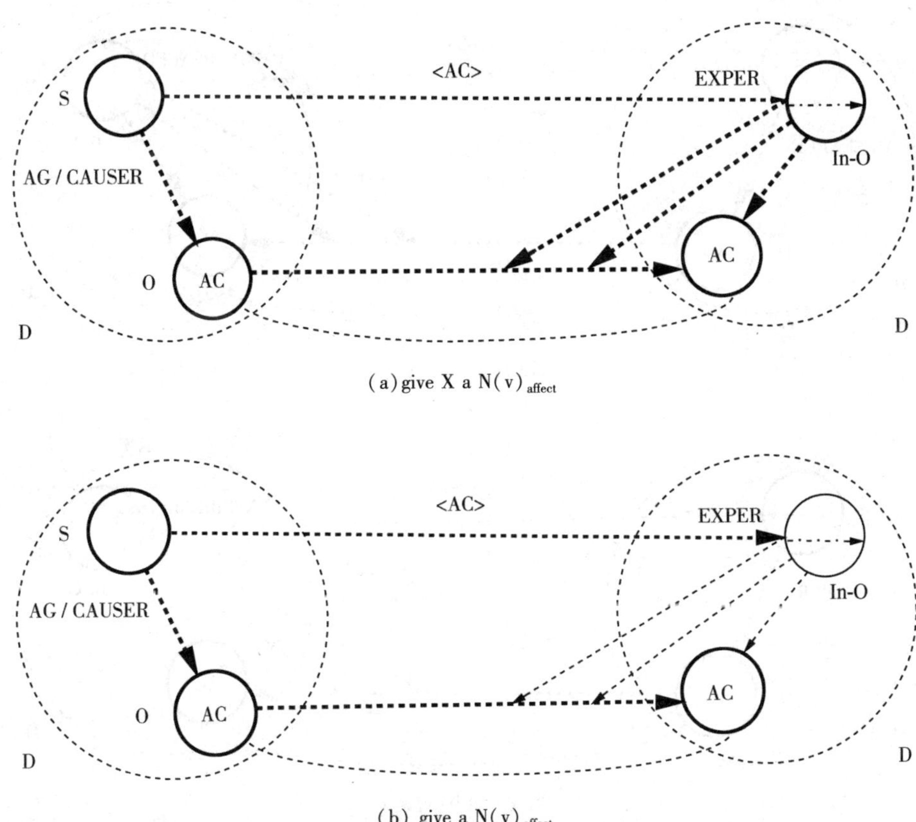

(a) give X a N(v)$_{\text{affect}}$

(b) give a N(v)$_{\text{affect}}$

图 7.17　情感类 N(v)行为链(动转名词原有使动意义)

在图 7.17 中,间接宾语的逻辑语义角色是体验者,“体验”虽然可以是被动引发的,但心理活动和感受却是发生在主体自身上的。主语参与者是另一参与对象拥有情感体验的引发者(CAUSER)。从本书收集到的语料频率和数量来看,情感类 N(v)虽然确实有不带间接宾语的,但是带间接宾语的结构比较多,其原因可能是在体验事件中体验者的参与性较强、出场的概率大,当然也不能排除不出场的情况,毕竟听话人会预设体验事件中有体验者,体验者没有出现是因为从说话人视角来看体验者没有凸显,见图 7.17(b)。

进入 give a N(v)结构的动词如果没有使动意义,即其所指的互动过程的参与者是情感体验者和情感体验对象,那么它们描述的一般都是体验对象参与性较强的事件,例如 love、miss 等。基于以上分析,情感类 N(v)行为链中,动转名词没有使动意义的,描述如图 7.18 所示:

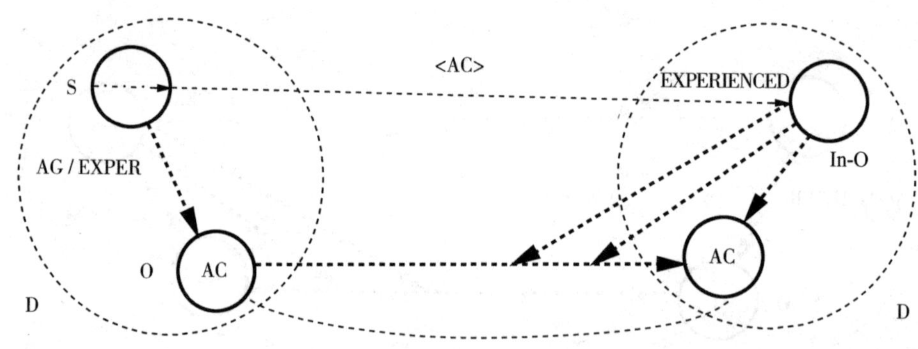

(a) give X a N(v) $_{affect}$

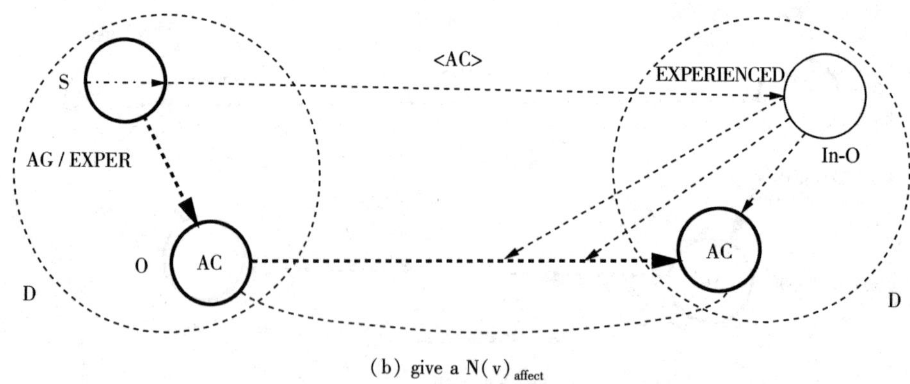

(b) give a N(v) $_{affect}$

图 7.18　情感类 N(v)行为链(动转名词原无使动意义)

在图 7.18 中，当进入 give a N(v)结构的动词没有使动意义时，间接宾语的逻辑语义是被体验对象，图中的参与者主语有两个语义角色：在形式上，主语是 give 的施事，在逻辑上，主语是表情感类的行为内容所投射的交互过程中的体验者，体验者是能量的消耗者，因此能量链存在于体验者之中，对体验对象没有实质影响。需要注意的是，这与感知类事件中的能量传递是不同的：在感知类事件中，体验者与体验对象有能量互动，只不过互动过程以及体验对象受到的互动过程的影响不是关注对象，说话人（看舞台剧的人或观察者）的注意力（attention）放在了对体验者的观察结果上；在情感类事件中，情感体验者与体验对象没有真正的能量互动，被体验者甚至可以不知道体验者对自己有这种情感体验。

总结来讲，轻动词短语 give a $N(v)_{affect}$ 在语法结构上仿拟实义动词 give 结构，在语法形式上凸显参与者和交互仿拟实义动词 give 结构中的语义角色。然而，仿拟就是仿拟，它只是形式表层的语义体现，在逻辑上，句子的真正语义是情感类动转名词投射的交互过程，参与者的逻辑语义角色是进入该结构的情感类动词赋予的。

（四）示意类 N(v)

示意类动词（$V_{gesture}$）表达用手势、姿势、表情等肢体动作或面部动作进行示意的行为。这种示意行为实际上是一种交际事件，具体来讲，是利用非言语交际符号，如面部表情、手势等，来构建人际功能的交际行为。这就与谈话行为有相似之处了，二者都是交际事件，只不过前者使用非言语交际符号，后者使用语言交际符号。在言语交际事件中，发话人的说话行为即发音器官的运动等不是关注对象，发音器官的产物才是关注的焦点。在非言语交际事件中，交际者的行为是关注点，尽管如此，行为动作并不是能量流动的关注点，动作表征出的意思才是关注点，在行为链中的能量流动仍是由示意动作表现出来的意义与听话人之间的互动。此外，示意行为所能传达的意义有限，多为习俗义或程式化表达，因此对示意对象的影响有限。当然，如果某一示意具有强烈意义，例如辱骂等，那么示意对象受到的影响就会大一些。进一步讲，交际双方在关系、社会地位、心理期待等方面的变化都会使示意意义对示意对象的影响程度发生变化。

从这一点来看，示意行为与谈话行为在对交际对象的影响上差别不大。基于以上分析，示意类 N(v) 行为链与谈话类 N(v) 行为链一致，见图 7.19：

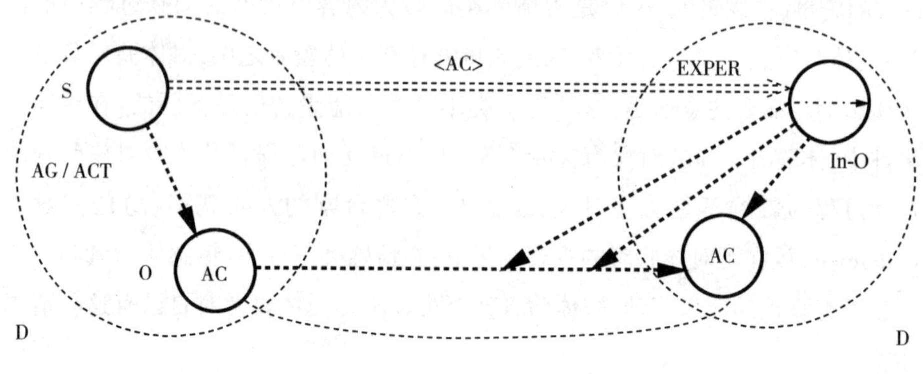

(a) give X a $N(v)_{gesture}$

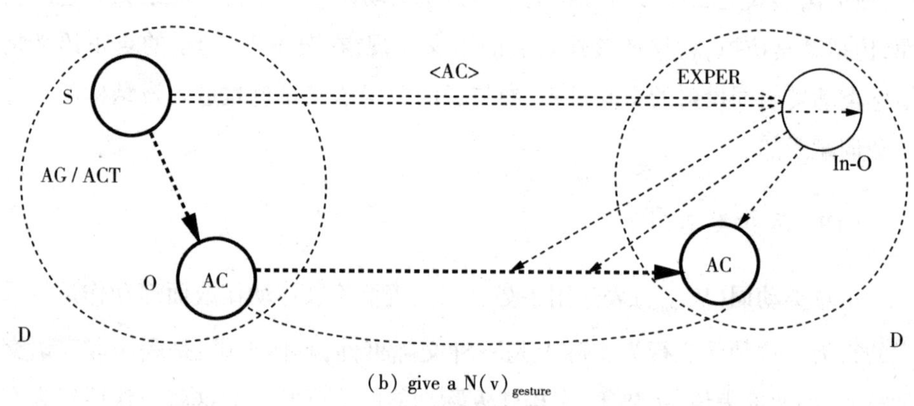

(b) give a $N(v)_{gesture}$

图 7.19　示意类 N(v) 行为链

如图 7.19 所示，轻动词短语 give a N(v) 在语法结构和形式上是对实义动词 give 的仿拟，因此有形式语义和逻辑语义两套语义内容。在形式语义中，主语是 give 的施事，直接宾语是移动对象，间接宾语是接受者。然而，在深层的逻辑语义中，give 并不是谓语动词的主要内容成分，直接宾语并非可移动的物体，而是动转名词，其动词意义是谓语动词的主要成分，在图 7.19 中标识为 AC，其所描写的动作过程赋予主语施事角色即做出示意行为的主体，而这个角色只是深层逻辑上的，不是语法形式上的。施事做出动作，但动作本身不传递能量，示意动作如 V_{talk} 一样，其所表达的意义才是流动的能量，这种能量是精神能量而非物理能量，在图 7.19 中用虚线双箭头表示。受事接收到示意意义，形成认知体验，因此是精神能量的消耗者，能量曲线在间接宾语之中。图 7.19(a) 中间接宾语凸显，图 7.19(b) 中间接宾语没有凸显。

（五）发声类 N(v)

发声类动词(V_{sound})指动作主体通过发出某种声音来宣泄某种情绪。谈话类动词也发声，但谈话类动词发声是为了传递意义或实现人际关系构建，而发声类动词并不对外，没有对外交际的意图，仅是发声主体宣泄情绪的方式。正因如此，本书收集到的语料中只有 give a $N(v)_{sound}$ 结构的例子，没有 give X a $N(v)_{sound}$ 结构的例子。发声人发出声音，这个声音并不是传递的能量，发声者宣泄情感后的心理体验（例如舒爽、恐惧等）是发声的结果，能量应该作用于发声者自身。按照这一语义逻辑，“发声事件”的参与者只有一个，即发声者——既是发声动作的施事，同时也是发声后果的承担者。基于以上分析，发声类 N(v) 行为链描述如图 7.20 所示：

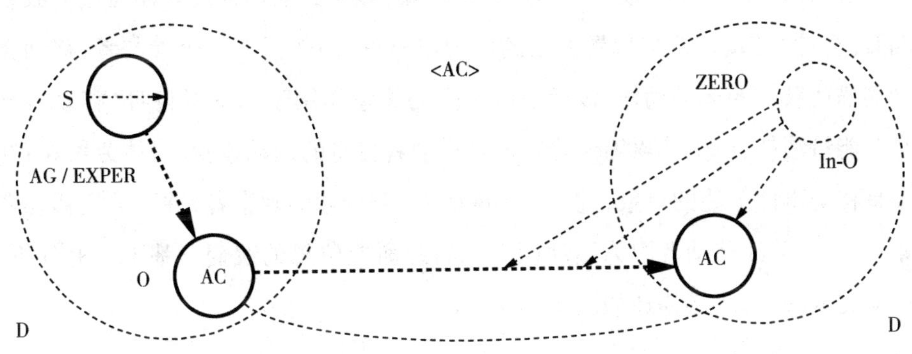

图 7.20　发声类 N(v) 行为链

实义动词 give 结构是典型的“双及物”，按照 Tesnière(1976) 的配价语法理论，give 是三价动词，可以携带三个论元，轻动词短语 give a N(v) 是对实义动词 give 结构的仿拟。虽然发声类动词是一价动词，仅有一个参与者，但进入轻动词结构后，受该结构本身特点的影响，理论上仍然有间接宾语的位置，只不过，间接宾语总是处于未被凸显的位置。在图 7.20 中，间接宾语由于是假想存在，用虚线圈表示。按照语法结构来看，主语是 give 的施事，发声行为是移动对象,并且有假想的移动轨迹,只不过在接受域中并没有凸显接受者,当然,实际上并没有真正的接受者,只有一个虚拟的假想接受者,其语义角色是零角色。轻动词短语 give a $N(v)_{sound}$ 的主要语义是其中名词所描述的行为内容,即发声行为,该行为过程投射的交互行为是在逻辑上的交互过程,该行为只涉及发声人本身,没有其他参与对象,发声后的能量由发声人自己消耗,在图 7.20 中用直线箭头表示,直线箭头存在于参与者内部,表示该参与者消耗了发声能量。

前文提到,轻动词短语结构与 give 双及物结构的重要差别在于,前者的被动语态结构只能移动接受者,而后者既可以移动接受者也可以移动移动物。发声类 N(v)行为链中的接受者是虚拟的、不存在的,因此没有被动语态形式。本书研究在语料库中的检索结果支持这一判断。

(六)移动类 N(v)

根据前文对移动类动词的语义分析可知,移动类动词描述人体通过下肢或四肢(游泳)运动以产生位置移动的行为或事件,一般只有一个参与者,移动类动词描述肢体的运动动作,该运动所产生的能量作用于移动者自身(移动者自身有能量消耗,产生劳累等体验),但是移动者自身的运动体验(身体劳累等)并不是移动事件关注的对象。换言之,说话人(舞台剧的观察者)并不关注移动者累不累,而关注移动者因为运动而出现的距离或位置的改变。基于以上分析,移动类 N(v)行为链描述如图 7.21 所示:

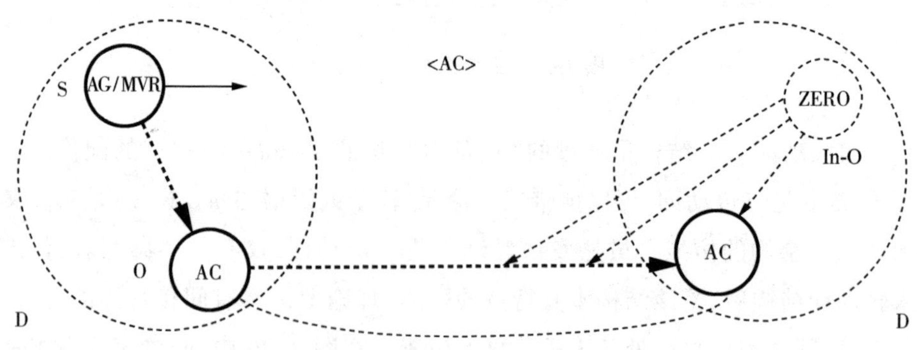

图 7.21 移动类 N(v)行为链

由图 7.21 可知，移动类动转名词进入轻动词短语 give a N(v)后，在形式上具有实义动词 give 双及物结构的表层特点，give 赋予主语施事角色，能量传导出来并作用到转移物上，由于该结构仅仅是仿拟，形式上的能量传递仅是虚拟传递，在图 7.21 中使用虚线箭头表示，直接宾语(AC)投射逻辑交互意义，此处是表移动的交互过程，该过程赋予主语逻辑移动者角色(Mover)。本书采用 Langacker 的移动者的图例，箭头在参与者旁边，表示参与者有位置移动。移动事件中只有一个参与者[本书在语料库检索中未发现 give X a $N(v)_{motion}$ 结构]，但是实义动词 give 的双及物构式预设存在间接宾语，所以在移动类 N(v)行为链上，该参与成分以虚拟参与者形式(虚线圈)存在，不过，由于该成分是虚拟存在，并没有实际参与实践过程，因而没有语义角色。

(七)接触类 N(v)

如前文分析所示，接触类动词指及物动词，至少带两个参与者，参与者有能量交互，有时能量经工具传递。接触类动词是经典事件模型，有施事、受事、工具格。施事是能量源头，能量传递到工具，进而传递到受事，受事是能量尾端，是最终消耗能量的参与者。根据对于本书收集到的语料的句法分析可知，接触类动词大多要求施事是有生命的实体，人类居多，对于受事则没有严格要求。基于以上分析，接触类 N(v)行为链描述如图 7.22 所示：

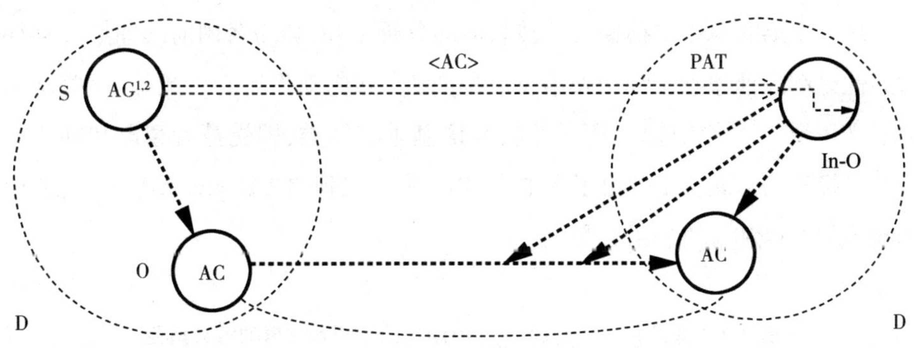

(a) give X a $N(v)_{contact}$

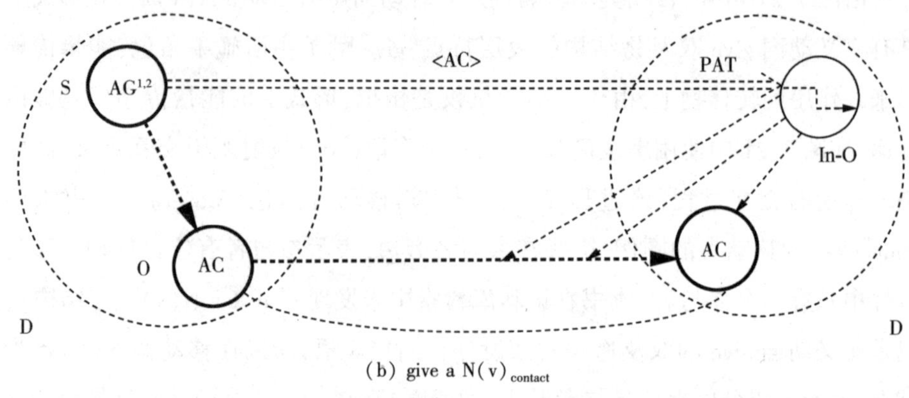

(b) give a N(v) $_{contact}$

图 7.22　接触类 N(v)行为链

接触类动词是最典型的事件模型,进入 give a N(v)结构后仿拟实义动词 give 结构,give 赋予主语施事角色,赋予宾语移动对象角色,并将其从给予域转移到接受域,但在逻辑上,直接宾语是行为内容,并不能被移动。行为内容是谓语语义的真实内容,将交互行为投射到语义链上,赋予主语逻辑施事角色,赋予间接宾语受事角色。在给予事件中,接受者是主动接受移动对象的角色,但是如果移动对象是行为内容的话,接受者是无法主动接受的,可见,尽管结构可以仿拟,仿拟对象的语义角色却无法完全接受。

(八)抽象类 N(v)

从本书第六章中对抽象类动转名词的分析可知,转为名词前的抽象类动词的共性是都表抽象意义和引申意义,并不表实际的动作行为。此外,这些动词的语义逻辑主语多为施事,语义逻辑宾语基本有两类,即受益者宾语和动作指向的目标宾语。表 7.1 列出了本书在 BNC 中收集到的常见 give a N(v) $_{abstract}$ 中的动词的主语和宾语的语义角色。

表 7.1　常见 give a N(v) $_{abstract}$ 中动词的主语和宾语的语义角色

序号	动词	施事主语	受益者宾语	目标宾语
1	lead	+		
2	start	+		

续表

序号	动词	施事主语	受益者宾语	目标宾语
3	boost	+		
4	display	+		+
5	guarantee	+		
6	twist	+		+
7	measure	+		+
8	break	+		+
9	return	+		+
10	run	+		+
11	focus	+	+	
12	reprieve	+	+	
13	share	+		+
14	rest	+	+	
15	estimate	+		+
16	try	+		+
17	welcome	+	+	
18	treat	+	+	
19	help	+	+	
20	quote	+		+
21	finish	+		+
22	support	+	+	
23	grasp	+		+
24	pass	+		+

由表7.1可知，表中动词可以赋予主语施事角色，赋予宾语受益者角色或目标角色。目标角色指动词对该参与者没有造成影响，例如“I quoted the book often.”，book是被引用(quote)的对象，但是本身并没有被quote这个动作影响。

受益者指宾语从动作行为中获得了好处,例如“They help the small child often.”,宾语 the small child 是 help 行为的受益者。Halliday(1985)将“受益者”定义为领受他人所给之物的“领受者”(recipient)以及服务对象,即“委托者”,因此,“受益者”是一个广义概念,不一定真的受益。Halliday(1985)的“受益者”可以出现在物质过程中,例如 give somebody something 中的 somebody 就是受益者,同时也可以出现在言语过程和关系过程中:言语过程中的“听话人”是信息的接收者(receiver),也是受益者;关系过程中的所有者也是受益者。本书中的“受益者”是狭义概念,专指 give a N(v)结构中的抽象类动转名词即表抽象互动概念的动转名词,这些词的语义使其携带的宾语是从交互关系中获益的一方,类似于马泰修斯(2008)所说的与格(casus dativus)宾语中的“有利与格”(dativus commodi)。概括来讲,抽象类动词与接触类动词相似,都有两个参与者,参与者之间都有交互关系,不同之处在于抽象类动词没有实际上的物理能量流动,参与者之间的交互可描写为虚拟能量流动,该能量对直接宾语(受益者)没有实质影响,虽然受益者宾语是交互事件的获益方,但“益处”不必表现为能量的吸收和消耗,这一点与接触类动词完全不同。从宾语类型来看,接触类动词后的宾语是宾格宾语(accusative object),抽象类动词后的宾语更偏向是与格宾语(dative object)①。基于以上分析,抽象类 N(v)行为链可描述如图 7.23 所示:

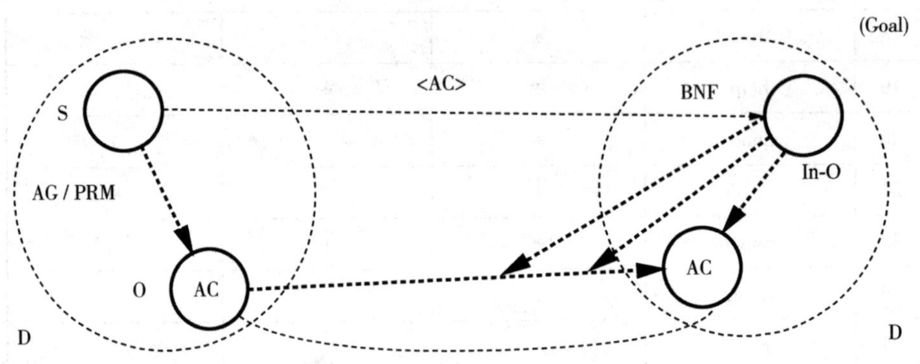

(a) give X a N(v) $_{abstract}$

① 就语法结构而言,与格宾语包括介词宾语和位置与格宾语两种:前者例如“It belongs to ***me***.”中的 me,后者例如 give somebody something 中的 somebody。本书此处虽然讨论的是动词宾语,但实际上观察的语料都是 give X a N(v)中的 X,即位置与格宾语。

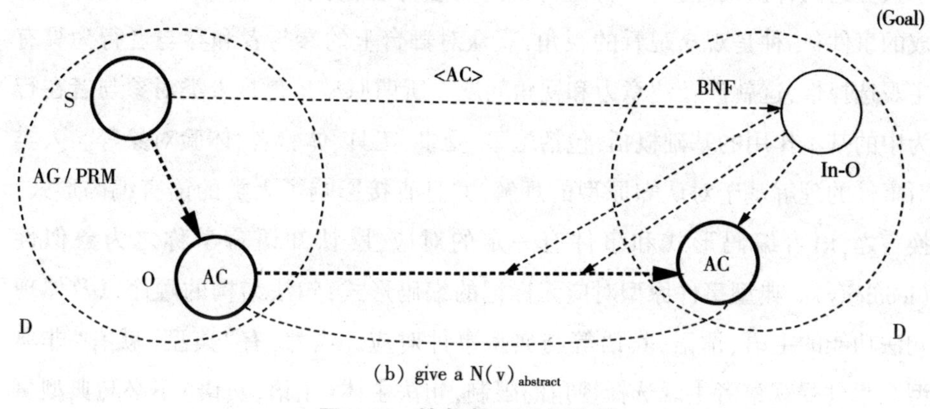

(b) give a $N(v)_{abstract}$

图 7.23　抽象类 N(v)行为链

由图 7.23 可知，表抽象互动概念的动词进入 give a N(v)后形成的结构是对实义动词 give 语法结构的仿拟。按照 give 结构的思维惯性，主语被赋予施事角色，能量从施事出发，作用到移动对象上，从给予域移动到接受域。然而，该流动只是仿拟结构的结果，在抽象类 N(v)行为链中，直接宾语是行为内容而非可移动的实体，因此在图 7.23 中用虚线箭头表示虚拟交互。轻动词短语结构的谓语语义在逻辑上由行为内容投射到行为链上，本书将抽象类动词赋予的语义角色定义为“执行者”(Performer，缩写为 PRM)，将宾语定义为“受益者”(Beneficiary，缩写为 BNF)，即该互动过程对宾语有益处。另外，有些动词的语义内容对宾语并不造成多大影响，此时宾语只是该行为过程的目标(Goal)。

结语

人类在与物理世界的互动中逐渐形成认知经验，各种复杂的认知经验成为各种认知原型，而这些认知原型又是人类进一步认识和理解更为复杂现象的识解基础。语言是人类描述世界的工具，也是人类思考的工具，人类的认知方式和对世界的理解方法也会反映到语言形式和语言符号上。本章先是介绍了行为链理论的基本原理，分析了行为链的认知原型，包括台球模型、舞台模型、原型角色。台球模型描述了能量传递的基本方式，能量从母球(白球)传出，碰到下一个球，下一个球携带能量滚动，构成了行为链的基本模型。舞台模型体现了人类的两种认知经验:一种是舞台上的参与者、场景以及各种互动行为所构成的事件;一种是观众观看的视角,观众对舞台上的参与者和参与者行为具有主观选择性,这就涉及注意力和视角问题。所谓原型角色是人类对参与者在行为中的基本作用的基础概括,包括施事、受事、工具、体验者、体验对象等。人类对事件的理解基于对认知原型的理解,并且直接影响了人类的语言编码形式,换言之,语言编码形式和事件有一定的对应性,认知语言学称之为象似性(iconicity)。典型事件原型对应无标记的编码形式,句法结构的顺序以及体现句法功能的主语、谓语、宾语等与典型事件对应。当然,有"典型"就有"非典型",事件受观察者主观选择视角的限制,句法主体(主语、宾语)不必与典型事件中的施事、受事绝对对应。

在介绍了行为链理论的基本原理之后,本章阐释了实义动词 give 的行为链模型,该模型成为给予事件模型。实际上,给予事件包括两个认知域:一个是给予域,另一个是接受域。给予事件的基本流程就是施事发出能量,该能量流动到给予对象(Langacker 称之为 MOVER),移动者从给予域流出并进入接受域,接受是主动行为,在接受域中发起能量,作用到移动物(包括移动链)上。需要注意的是,接受行为不是纯粹的物理能量,更倾向于心理能量。轻动词短语 give a N(v)在结构上仿拟了实义动词 give 结构,也仿拟了给予事件,但实际上,它与给予模型并不对应,主要体现在参与者和参与者行为的差别上。轻动词短语 give a N(v)在语义逻辑上蕴含典型事件模型(能量交互事件、认知事件、移动事件等),因此其行为链应该是给予事件模型和典型事件模型的整合(integrity)。具体来讲,轻动词短语 give a N(v)在结构上仿拟实义动词 give 结构,因此行为链仍然包括两个域,参与者和能量流动在语法结构中被凸显,在能量链中有体现。不过,轻动词短语结构不是真正的给予事件,能量传递只是虚拟的。轻动词短语的深层语义是动转名词所描述的互动过程,行为内容投射到行为链上,描述给予域参与者和接受域参与者之间的关系。能够进入轻动词短语 give a N(v)中的动词的语义不同,因此,行为内容投射的互动以及参与者的角色就不同。通过细化分析可知:感知类 N(v)行为链中的参与者角色分别是感知者和感知对象;谈话类 N(v)行为链中的参与者角色分别是谈话者和谈话对象;情感类 N(v)行为链中的参与者角色分别是体验者和体验对象;示意类 N(v)行为链中的参与者角色分别是示意者和示意对象；发声类 N(v) 行为链中只有一个参与者，即发声者；移动类 N(v) 行为链中只有一个参与者，即移动者；接触类 N(v) 行为链中的参与者角色分别是施事和受事；抽象类 N(v) 行为链中的参与者角色分别是执行者和受益者或目标。

第八章　give a N(v)行为链模型假设

本书从 BNC 中遴选出符合本书研究中轻动词短语 give a N(v)标准的语料,并根据 N(v)转换前的动词语义对其进行了语义分类,共得出 8 种类型,见表 8.1:

表 8.1　give a N(v)中动转名词的语义类型

序号	名称	代表动词	公式
1	感知类	LOOK	give a $N(v)_{perception}$
2	谈话类	TALK	give a $N(v)_{talk}$
3	情感类	SHOCK	give a $N(v)_{affect}$
4	示意类	NOD	give a $N(v)_{gesture}$
5	发声类	CRY	give a $N(v)_{sound}$
6	移动类	JUMP	give a $N(v)_{motion}$
7	接触类	KICK	give a $N(v)_{contact}$
8	抽象类	LEAD	give a $N(v)_{abstract}$

前文 have a N(v)中动转名词的语义类型都是动作谓语,包括移动类、谈话类、姿势类、身体清洁类、感知类、摄食类、发声类等,都是具体行为。相比之下,give a N(v)中动转名词的语义类型还包括表抽象行为概念的动词。实际上,轻动词的残留语义以及轻动词做实义动词时的惯用语法结构对进入轻动词短语结构中的动词有遴选和限制作用。give 是常见的实义动词,能构成典型双及物语法结构,有强烈的"转移"之意,即使在变成轻动词后实义动词的语义减弱,"转移"之意仍有残留,对语法结构的语义以及进入 give a N(v)结构的动词仍

有语义限制。换言之，如果说 have a N(v)结构中的动转名词必须是"可拥有"的话，那么 give a N(v)结构要求动转名词"可移动"。然而，轻动词短语结构的特点就是动转名词支撑谓语成分的大部分语义，无论是"拥有"还是"转移"，都不是轻动词短语的主要语义。实义动词短语与轻动词短语在拥有相同的结构形式的同时又存在巨大的语义差别。通过前文分析可知，本书对轻动词短语 give a N(v)结构做出两种假设，一种是结构仿拟，另一种是概念整合。

一、结构仿拟假设

基于前文分析，本书研究认为，轻动词短语 give a N(v)结构是对实义动词 give 结构的仿拟。这一假设的宏观认知理论依据是象似性，但并没有使用已有的象似性理论，只采用了象似性视角。当然，轻动词短语也很类似认知语言学中的语法隐喻，但本书更倾向于认为轻动词短语结构模仿了实义动词短语结构。

(一)理论背景

早期的象似性研究关注的是语言对世界的模仿，从最早柏拉图的关于词是否是对真实物体和生命体的图形化或者模仿(拟声)的研究，发展到 Peirce 的象征(Symbol)、指示(Index)、图像(Icon)①三分的总结。象征强调表征与对象的约定俗成，即 Saussure 所谓的"任意性"。指示，顾名思义，表"指明关系"，指明在时间、空间中的定位，例如指示代词、时间副词等。图像的概念与象似性关系最近，指表达与对象有一定象似性的符号。跳出词汇形式和发音的象似性问题，语法领域中的象似性问题主要涉及象似顺序(iconic sequencing)、象似临近(iconic proximity)、象似量(iconic quantity)。象似顺序指小句顺序与事件的自然时间顺序相符，例如"He came in and sat down."，came in 在前 sat down 在后，这是事件的自然顺序，and 连接两个并列小句，但小句阐述的事件不是同时发生的，人们对于事件自然顺序的熟悉使人们自然而然地理解并列小句的时间顺序

① 弗里德里希·温格瑞尔，汉斯-尤格·施密特，2009。

关系。象似临近多指修饰语与名词的远近关系,例如 the famous delicious Italian peperoni pizza,原料 peperoni 离中心词 pizza 最近,Italian 表示类别,是这个披萨名称的一部分,味道 delicious 和名气 famous 是对产品的评价,放在了最外围,这个语法顺序与人们的认知经验相符。象似量,换言之,"量的象似性",体现修饰语数量与信息量的对应性,即:修饰语少,则信息量小,例如"I met ***a girl*** at the school gate.";修饰语多,则信息量大,例如"I met ***a beautiful tall girl of physics*** at the school gate."。如果我们需要按照以上两句中的信息寻人的话,后一句的信息量明显对我们更有利一些。

(二)语法结构对比

Langacker 的概念模型观在本质上也体现了象似性,是语法结构层面的仿拟。前文讨论的典型事件模型有对应的语言符号表征模式,即非标记的语言编码结构,而有标记的语言编码结构也是对人类认知行为的模拟,如被动结构能体现人们的注意力视窗和凸显动机等。行为链模型是行为谓语的仿拟对象,其语言形式结构和语义角色反映能量流动模式和参与者角色。随着人类文化、语言、社会的发展,语言的结构和意义愈加融合化,语法结构本身的意义形成概念意义,如构式意义,give 结构就是非常典型的双及物构式,该构式本身有"移动"或"转移"之意。结合行为链模型可知,give 结构本身就默认移动对象从给予域转移到接受域。在轻动词短语 give a N(v)结构中,give 的实义动词的语义内容减少,仅贡献谓语动词功能,在汉语中甚至可以省略不译,但 give a N(v)结构在语法结构形式上与 give 双及物结构类似,甚至可以说"一致",本书认为这是轻动词短语对于实义动词短语的一种仿拟,也是一种象似现象。施事主语将移动对象(Direct Object)从给予域转移到接受域,接受域中接受者(Indirect Object)接受移动对象,接受者即间接宾语的语义角色通常可被称为"受益者"。表 8.2 展示了实义动词 give 结构与前文总结出的 8 类 give a N(v)结构的具体对比。

表 8.2　实义动词 give 结构与 give a N(v)结构对比

结构		句式
实义动词 give		(a) Subject + give * + Indirect Object + (Adjective) Direct Object + (other sentence elements) (b) Subject + give * + (Adjective) Direct Object + to + Indirect Object + (other sentence elements)
轻动词短语 give a N(v)	感知类 give a N(v)$_{perception}$	(a) Subject + give * + Indirect Object + (Adjective) Direct Object + (other sentence elements) (b) Subject + give * + (Adjective) Direct Object + to + Indirect Object + (other sentence elements) (c) Subject + give * + (Adjective) Direct Object + Adjunct + (other sentence elements)
	谈话类 give a N(v)$_{talk}$	**(a) Subject + give * + (Adjective) Direct Object + (other sentence elements)** (b) Subject + give * + Indirect Object + (Adjective) Direct Object + (other sentence elements) (c) Subject + give * + (Adjective) Direct Object + to + Indirect Object + (other sentence elements) (d) Subject + give * + Indirect Object + (Adjective) Direct Object + Adjunct + (other sentence elements)
	情感类 give a N(v)$_{affect}$	(a) Subject + give * + Indirect Object + (Adjective) Direct Object + (other sentence elements) (b) Subject + give * + (Adjective) Direct Object + Adjunct + (other sentence elements)

续表

结构		句式
轻动词短语 give a N(v)	示意类 give a $N(v)_{gesture}$	(a) Subject + give * + Indirect Object + (Adjective) Direct Object + (other sentence elements) (b) Subject + give * + (Adjective) Direct Object + to + Indirect Object + (other sentence elements)
	发声类 * give a $N(v)_{sound}$	**(a) Subject + give * + (Adjective) Direct Object + (other sentence elements)** **(b) Subject + give * + Indirect object + (Adjective) Direct Object + (other sentence elements)**
	移动类 * give a $N(v)_{motion}$	**Subject + give * + (Adjective) Direct Object + (other sentence elements)**
	接触类 give a $N(v)_{contact}$	(a) Subject + give * + Indirect Object + (Adjective) Direct Object + (other sentence elements) (b) Subject + give * + (Adjective) Direct Object + to + Indirect Object + (other sentence elements)
	抽象类 give a $N(v)_{abstract}$	**(a) Subject + give * + (Adjective) Direct Object + (other sentence elements)** (b) Subject + give * + Indirect Object + (Adjective) Direct Object + (other sentence elements) (c) Subject + give * + (Adjective) Direct Object + to + Indirect Object + (other sentence elements)

由表 8.2 可知,实义动词 give 结构的典型句子模式在轻动词短语 give a N(v)结构的典型句子模式中基本可见。本书认为,轻动词短语 give a N(v)结

构是对实义动词 give 结构的仿拟。然而，由表 8.2 也可知，这两个结构之间也有差别。轻动词短语 give a N(v)结构允许没有间接宾语，但实义动词 give 结构中有间接宾语是必要条件。见以下例句：

(1) John gave me a book yesterday.

(2) John gave a book to me yesterday.

(3) * John gave a book.

例(1)与例(2)是典型双及物结构，直接宾语是移动对象，间接宾语是接受者，接受者位置不同只表示信息焦点权重有差别。相比之下，例(3)在结构上有残缺感，显得信息不完整，这是因为该句中没有接受者，而实义动词 give 的语义预设接受者——如果没有接受者，那么也就不存在"给予"了。确切来讲，没有接受者的"给"是"丢弃"，即行为人不再拥有某物，但不知道该物的去向。

轻动词短语 give a N(v)结构允许间接宾语不出现，本书语料所涉及的 8 类语义不同的动转名词 give a N(v)结构均有不出现间接宾语的情况，其中，give a $N(v)_{sound}$(发声类)和 give a $N(v)_{motion}$(移动类)的语料多以没有间接宾语为主，give a $N(v)_{talk}$(谈话类)虽然有不带间接宾语的情况，但是一般会接谈话主体，例如 give a talk on sth.，give a $N(v)_{abstract}$(抽象类)中只有 lead 等极少数动词有不带间接宾语的例子如"You'd better give a lead."，但本书认为此种情况大概是因为 lead 的对象是已知信息。本书认为，轻动词短语 give a N(v)结构是对实义动词 give 双及物结构的语法形式仿拟，这一结构出现的动因包括语用原因——能够缓和语气、使表达间接委婉、更利于构建人际关系等，也包括信息结构方面的动因——表主要谓语意义的动转名词位置靠后，以增加信息权重。然而，仿拟就是仿拟，该结构并不是真正的给予事件，换言之，该结构描述了一个"伪给予"事件，实际上缺少真正的移动对象或给予物，由动转名词伪装的移动对象是真正的关系过程(谓语动词义)，并不能"给予"，原为接受者的间接宾语也无法"获得"。这种情况下，轻动词 give 无法赋予间接宾语真正的逻辑上的语义角色。实际上，此时的间接宾语并不是由 give 带来的，而是由隐藏在结构中的真正动词语义即动转名词携带而来的内在宾语(inner object)。换言之，动词"伪装”成名词做了宾语，自己带来的宾语则按照该结构的特点“伪装”成间接宾语。轻动词短语 give a N(v)结构可谓是“表面一套、背后一套”：表面上像是 give 双及物结构，背地里却自成语义逻辑，形成说话人“言不由衷”而听话人“心知肚明”的效果。正因为轻动词短语 give a N(v)结构不是真正的给予事件，并不预设“接受者”的存在，所以该结构中是否有间接宾语要看动转名词做动词时是否携带内在宾语。表“发声”和“移动”的动词不关注外在行为对象，多为不及物动词，不携带宾语，进入轻动词短语 give a N(v)结构后，该结构没有间接宾语，但有时会有表方向的参照物，例如“Jimmy gave a jump to(toward) the tree.”中的 tree 并不是间接宾语，因为它不是 jump 的宾语，仅是参照物，表示 jump 的方向。当然，我们会看到“Tom gave us a dance.”的情况，但是 dance 在此处的意义更倾向于“表演”而不是“移动”，“表演”预设观众，因此该结构可以携带间接宾语。

从以上分析可知，轻动词短语 give a N(v)结构是对实义动词 give 结构的仿拟。尽管在结构上基本一致，仿拟毕竟是一种“造假”，会产生“瑕疵”，出现某些偏差或变异等。

(三)逻辑谓语意义投射

轻动词短语 give a N(v)结构中的轻动词 give 丢失了实词意义，整个结构的谓语动词意义由动转名词 N(v)承担，该结构在汉语译文中甚至不会体现轻动词 give，例如“Jim gave his brother a kick.”被译为“吉姆踢了他弟弟一脚”，可见动转名词表达主要谓语意义，描述该场景中的参与者关系。轻动词短语 give a N(v)结构所表达的深层逻辑语义可以看作是动转名词投射到语义链上的能量交互过程，由于形式上没有被凸显，这一过程可以看作是隐性的交互关系。表 8.3 给出了本书总结的 give a N(v)结构的 8 类隐性的交互关系类型。

表 8.3　give a N(v)结构的隐性的交互关系类型

序号	交互关系类型	代表动词	动转名词类型
1	感知行为	LOOK	give a $\mathbf{N(v)}_{perception}$

续表

序号	交互关系类型	代表动词	动转名词类型
2	谈话行为	TALK	give a $\mathbf{N(v)}_{talk}$
3	情感行为	SHOCK	give a $\mathbf{N(v)}_{affect}$
4	示意行为	NOD	give a $\mathbf{N(v)}_{gesture}$
5	发声行为	CRY	give a $\mathbf{N(v)}_{sound}$
6	移动行为	JUMP	give a $\mathbf{N(v)}_{motion}$
7	接触行为	KICK	give a $\mathbf{N(v)}_{contact}$
8	抽象行为	LEAD	give a $\mathbf{N(v)}_{abstract}$

从本书第七章对行为链的细化分析可知，轻动词短语 give a N(v)结构中的动转名词 N(v)占据直接宾语位置，其本身并没有接受 give 赋予的语义角色，相反，动转名词将自身做动词时描述的过程关系投射到了行为链上，描述句子中无标记主语和无标记间接宾语的交互过程。

(四)逻辑语义角色

轻动词短语 give a N(v)结构是对实义动词 give 结构表层形式的仿拟，这使我们习惯性地借助实义动词 give 结构的语义结构和语义角色来识解轻动词短语 give a N(v)结构，例如我们会习惯性地认为 give 赋予主语施事角色，赋予直接宾语移动对象角色、赋予间接宾语接受者角色，但实际上，轻动词短语 give a N(v)结构的语义结构和语义角色并非如此。

语法结构仿拟需要有一定的认知基础，轻动词短语 give a N(v)结构对实义动词 give 结构的仿拟在本质上是对给予事件的仿拟。根据本书第七章对 8 类 give a N(v)结构的行为链分析可知，进入 give a N(v)结构的动词必须可以与无标记主语共享语义角色，确切来说，该主语，形式上或表层语义，是轻动词 give 的施事，同时赋予主语深层语义角色或逻辑语义角色，具体分布见表 8.4：

表 8.4　逻辑语义角色①

序号	类型	主语	间接宾语
1	Y^s give $X^{i\text{-}d}$ a $N(v)_{perception}$	体验者（Experiencer）	体验对象（Experienced）
2	Y^s give $X^{i\text{-}d}$ a $N(v)_{talk}$	言语者（Sayer）	言语对象（Hearer）
3	Y^s give $X^{i\text{-}d}$ a $N(v)_{affect}$	体验者（Experiencer）/施事（Agent）	体验对象（Experienced）/体验者（Experiencer）
4	Y^s give $X^{i\text{-}d}$ a $N(v)_{gesture}$	行为者（Actor）	体验者（Experiencer）
5	Y^s give a $N(v)_{sound}$	体验者（Experiencer）	—
6	Y^s give a $N(v)_{motion}$	移动者（Mover）	—
7	Y^s give $X^{i\text{-}d}$ a $N(v)_{contact}$	施事（Agent）	受事（Patient）
8	Y^s give $X^{i\text{-}d}$ a $N(v)_{abstract}$	执行者（Performer）	受益者（Beneficiary）/目标（Goal）

注：

Y^s = 主语，

$X^{i\text{-}d}$ = 间接宾语。

按照 Chomsky（1981）的 θ-Role 理论，give 作为谓语动词，赋予主语和宾语语义角色，即施事、移动者②、接受者。主语、直接宾语、间接宾语在小句中的位置是语义角色位置（θ-Position）③，即占据该位置的成分必须有语义角色，但

① 张丽娇，2023。

② 转换生成语法的 θ-Theory 中称之为 theme，即应行为而产生移动的对象，Langacker（2008）的 Theme 指"主题"，与信息焦点有关，体现说话人的视角。换言之，按照舞台模型理论，事件中有些元素本身并不凸显，但是当观察者将注意力放在这些元素之上时，这些元素被称为"注意力焦点"，从而在语言编码中成为焦点凸显的吸附者。

③ θ-Position：the structural positions to which θ-Roles are assigned. Because of the sisterhood condition on θ-Marking，these are restricted to either sister of a lexical head or sister of an X' projection of a lexical head.（Cook and Newson，1996）语义角色位置是一种（句法）结构位置，该位置可以赋予语义角色。由于语义角色标记的姐妹条件，语义角色位置一般被限制为词汇中心词的姐妹节点或者词汇中心词的 X' 投射的姐妹节点。

是轻动词短语 give a N(v)结构中的直接宾语是动转名词。动转名词描述行为动作，不可移动，没有语义角色，Langacker 称之为“零角色”，然而“零角色”就是无语义角色，这是不被 θ-Role 理论允许的，可见，轻动词短语 give a N(v)结构与实义动词 give 的双及物结构在语义上是不同的。轻动词 give 执行的是语法功能，贡献的语义内容不多，本质上没有能力为主语和宾语赋予语义角色，这就解释了为什么直接宾语没有语义角色。主语与间接宾语的语义角色是动转名词 N(v)赋予的，但是只有谓语动词才能赋予语义角色①，因此这一语义角色赋予过程是隐性的。既然是隐性的，小句中又要求有显性的语义角色赋予过程，give 作为实义动词的角色赋予行为就在行为链中体现出来了，这可以看作是一个结构隐喻，即把实词 give 的角色赋予行为拿到轻动词短语 give a N(v)结构中做形式或表层语义角色。那么，give a N(v)结构有两个语义角色赋予(θ-Marking)过程：一个是表层或者显性的角色赋予过程，这是虚拟的角色赋予过程；另一个是通过动转名词 N(v)投射行为交互给主语和间接宾语的角色赋予过程，这一过程在语法结构上无法体现，是隐性的，却是轻动词短语 give a N(v)结构的真正语义内容。实义动词 give 语义角色赋予公式与轻动词短语 give a N(v)结构语义角色赋予公式对比如下：

(1)实义动词 give 语义角色赋予

$P = \{p_1, p_2, p_3\}$, $p_1 \neq p_2 \neq p_3$;

$R_{(X)} = \{\text{Agent}, \text{Mover}, \text{Recipient}\}$, $X \in P$

(2)轻动词短语 give a N(v)结构语义角色赋予

$P = \{p_1, p_2\}$

$AC = \{V_{perception}, V_{talk}, V_{affect}, V_{gesture}, V_{sound}, V_{motion}, V_{contact}, V_{abstract}\}$

$R_{(AC)} = \{$Experiencer, Experienced, Sayer, Hearer, Actor, Patient, Mover, Agent, Performer, Beneficiary, Goal$\}$

$R_{(X)} = R_{(AC)}$, $X \in P$

公式中 P(Participant)表示参与者，实义动词 give 有 3 个参与者(p_1, p_2, p_3)，彼此不相等的意思是它们是不同的实体(entity)。R(Role)表示语义角

① θ-Grid: part of a lexical entry of a predicate which states which θ-roles the arguments of the predicate will bear, e. g. [_ N]. (Cook and Newson, 1996)

色,实义动词 give 有 3 个语义角色(Agent, Mover, Recipient),则任意参与者 X 的语义角色是语义角色集合中的一个。相比之下,轻动词短语 give a N(v)结构有 2 个参与者(有 1 个是动转名词,并不是实体,不是参与者)。AC 表示行为内容,即动转名词所表示的行为内容,共包括 8 个动词语义类型。$R_{(AC)}$表示行为内容的语义角色集合,其中包括 11 个语义角色(Experiencer, Experienced, Sayer, Hearer, Actor, Patient, Mover, Agent, Performer, Beneficiary, Goal),轻动词短语 give a N(v)结构中任意参与者 X 的语义角色是行为内容语义角色集合中的 1 个。[①]

二、概念合成

Taylor(2002)认为认知语义学有 3 条线索:语言与世界(语言与外部世界的关系)、语言与语言(语言内部词语之间的关系)、概念化(语言意义是使用者大脑概念化的结果)。本书使用概念合成理论(Conceptual Blending Theory)来解析轻动词短语 give a N(v)结构的语义问题。

(一)理论背景

概念合成理论也称“概念整合理论”(Conceptual Integration Theory),是一个“1+1>2”的意义构成假设。该理论早期的基础理论是 Fauconnier(1985)的心理空间理论(Mental Space Theory),这一基础理论用来分析和解释时态、状语、预设的投射等传统语法现象,1997 年、2002 年提出的概念整合理论和概念合成理论进一步完善和发展了心理空间理论。所谓“心理空间”是指大脑在思考并进行话语构建时搭建的小概念包(small conceptual packet),用来理解当前或在线(online)解析当前情景,由于情景具有动态性,心理空间构建是一个动态过程,涉及认知模型的使用和构建,可以模拟思维和语言的动态映射关系。

概念合成理论的基本概念和术语包括:心理空间、输入空间(input space)、投射(projection)、优化原则(optimality principle)、概念合成、合成空间(blended

① 张丽娇,2023。

space)、类属空间(generic space)、新创结构(emergent structure[①])。

• 心理空间：在我们思考和谈话时构建起来的小概念包，用于当前的理解和行动。它们在工作记忆中工作(运转)，但其中一部分内容是通过激活长期记忆中的可用结构而逐步构建的[②]，可以看作是我们无意识地组织起来的后台认知操作方式。

• 输入空间：也是心理空间，一般包括至少2个，是投射到合成空间的核心组成部分。

• 投射：也称“映射”(mapping)，是连接不同心理空间的操作。

• 优化原则：强调几个心理空间中投射成分的逻辑性，即对于投射成分的选择原则。

• 概念合成：简而言之就是描述和解释人类信息的合成(整合)模式，描述后台认知系统的操作过程与原理。

• 合成空间：既有输入空间的共有内容又有每个输入空间各自的专有内容，还有新生成的新创结构，可以说，合成空间的内容可以小于、等于或大于输入空间的内容。

• 类属空间：各输入空间的交集，独立于其他空间，反映输入空间共有的图式、角色、框架。

• 新创结构：也称“浮现结构”，在合成空间中，通过组合(composition)、完备(completion)、扩展(elaboration)而产生的新结构、新行为、新概念、新情感和新理解等。

本质上，概念合成理论描述的是不同心理空间的互动过程，输入空间(至少两个)中的元素和结构依照一定的选择原则投射到合成空间，形成新创结构。“新创”之处源自图式、经验、知识等各种元素的互动和激活，这其中有集体经验和知识，也有个体经验和知识。“新创结构”有一定的偶然性，但总体来讲，其创新性应该是可计算的、可推测的。

---

① emergent structure 也译作“浮现结构”(束定芳，2008)，按照 emergent 的语义，译成“新显结构”“新创结构”“突生结构”皆可。

② Mental spaces are small conceptual packets constructed as we think and talk, for purposes of local understanding and action. They operate in working memory but are built up partly by activating structures available from long-term memory. (Fauconnier and Turner, 2002)

概念合成理论具有广泛的解释性。就语言研究而言,概念合成可以解释隐喻、合成词、事件结构和构式等。以致使句为例,“Frank sneezed the tissue off the table.”描述了一个致使事件,该事件由两个事件构成,一个是“Frank sneezed”,另一个是“...tissue off the table”,然而,这样写出两个事件并不能够完整描述原句意义,“Frank sneezed the tissue off the table.”中既包括上述两个事件,也包括两个事件之间的关系,即“Frank sneezed”事件**致使**“...tissue off the table”事件。该句的概念合成分析见图 8.1:

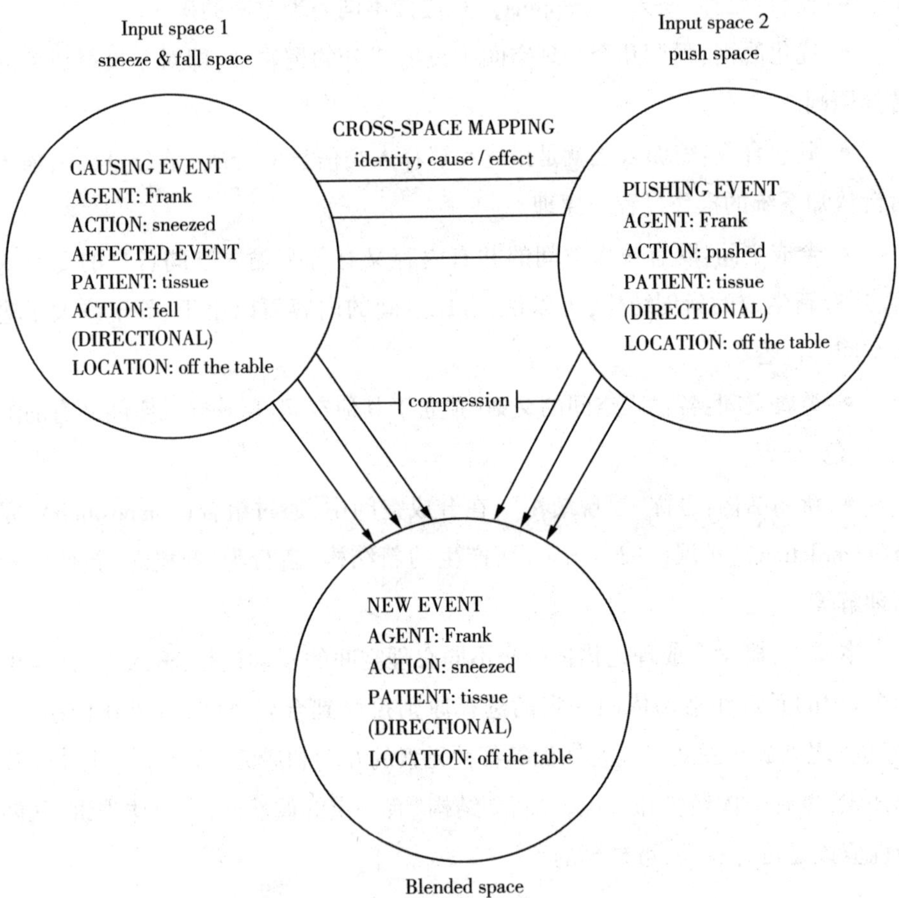

图 8.1 “Frank sneezed the tissue off the table.”的概念合成分析

由图 8.1 可知,该句有两个输入空间,输入空间 1 是“打喷嚏与落地空间”,输入空间 2 是“推动空间”。输入空间 1 包括两个事件:一是因事件,其中施事是 Frank、动作是“打喷嚏”；二是果空间，其中受事是“纸巾”、动作是“落下”、（方向）位置是“从桌子上”。输入空间 2 只有一个事件，其中施事是 Frank、动作是“推动”、（方向）位置是“从桌子上”。输入空间 1 与输入空间 2 进行跨空间映射（cross-space mapping）的关键关系（vital relation[①]）有两个：同一性（identity）和因果（cause/effect）。两个输入空间压缩（compression）后投射到合成空间，形成新创结构，其中施事是 Frank、动作是“打喷嚏”、受事是“纸巾”、（方向）位置是“从桌子上”。可见，“Frank sneezed the tissue off the table.”无论从语义还是形式上都有两个输入空间的影子，但同时又不同于三个输入空间。这个概念合成模式对于轻动词短语结构的解释和分析也具有很强的操作性。

（二）give a N(v)的概念合成分析

前文讨论基本集中在语言编码和认知模型上，无标记的语言编码与基础认知模型有自然的对应关系。实义动词 give 结构对应典型给予事件，轻动词短语 give a N(v)结构是对实义动词 give 结构的仿拟，这就会出现一个不可避免的问题：轻动词短语 give a N(v)结构的具体语义是什么？如果按照之前的讨论，轻动词短语 give a N(v)结构做谓语时，谓语的主要语义由动转名词 N(v)来承担，那么这种仿拟的意义何在？为什么不直接采用典型动作事件模型？拥有 give 结构外衣的轻动词短语 give a N(v)结构有没有受到实义动词 give 结构（典型给予事件）的影响？实际上，Langacker（1987b，1991a）在讨论认知语法时就指出，语法是结构性的习惯性语言表达单位的集合，由构式（construction）构成。Goldberg（1995）认为，普通句式如英语中的基本句子就是构式，并提出“构式语法”（Construction Grammar）。构式语法的中心观点就是基本句子是一种“构式”，是形式和意义的对应体，换言之，构式本身就有意义，可以独立于句子的词而存在。give 能够携带三个题元，构成典型的双及物构式，该构式本身的意义是“传递”和“转移”。轻动词短语 give a N(v)结构虽然传递的是动转名词

---

① Fauconnier and Turner (2002)认为，输入空间之间需要具有关键关系才能进行跨空间映射。

N(v)的交互意义,但是其双及物构式的意义却无法剔除,这是构式的特点和本质。那么,轻动词短语 give a N(v)结构可以看作是(实义动词 give 结构的事件意义和动转名词表达的事件意义的)合成意义。以"Jimmy gave his brother a kick."为例,其概念合成分析如图 8.2 所示:

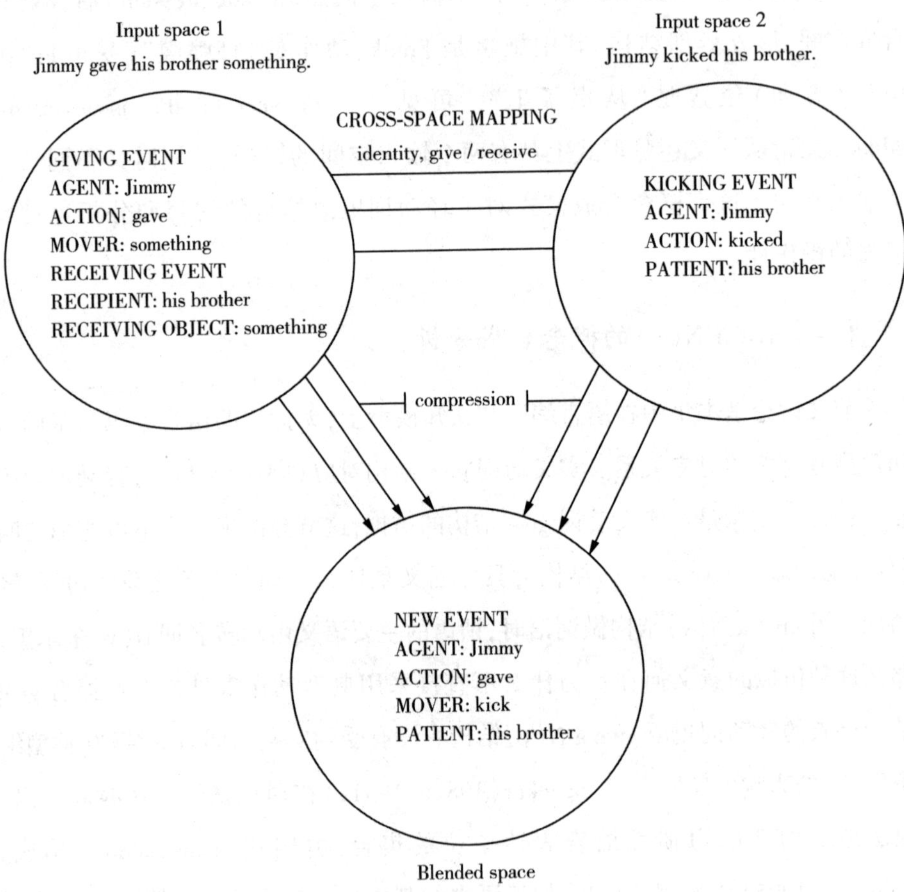

图 8.2 "Jimmy gave his brother a kick."的概念合成分析①

由图 8.2 可知,"Jimmy gave his brother a kick."有两个输入空间:输入空间 1 为"给予和接受空间",输入空间 2 为"踢打空间"。输入空间 1 由两个事

① 张丽娇,2023。

件构成,即给予事件和接受事件。给予事件的施事是 Jimmy,动作是“给”,移动物不是实体而是动作“踢”;接受事件的接受者是 his brother,接受对象不是实体而是动作“踢”。输入空间 2 只有一个行为事件,即踢打事件,施事是 Jimmy,动作是“踢”,受事是 his brother。输入空间 1 和输入空间 2 之间的关键关系有两个:同一性和“给予/接受”。“同一性”是指输入空间 1 和输入空间 2 都是 Jimmy 对 his brother 实施了“踢打”行为;“给予/接受”指的是从动作的源头(Energy Head)到动作的尾部(Energy Tail),动作 kick 的源头是 Jimmy,尾部是 his brother,两个输入空间的元素、图式、事件框架等信息被压缩,投射到合成空间,形成新创结构即轻动词短语结构,该结构在形式上保留了三个题元,但是只有两个题元有语义角色,语义角色受输入空间 2 的语义角色的影响。给予事件成立的先决条件是施事“拥有”移动对象,换言之,施事可以使某物离开自身;行为事件成立的先决条件是施事能够自主做某动作,换言之,行为事件中施事拥有给出或发出某种能量的能力。这是二者能够进行概念合成的基础,即关键关系。

(三)行为链的概念合成分析

从本书第七章 give a N(v)行为链分析来看,轻动词短语的行为链也可以看作是实义动词 give 行为链和 N(v)转换前动词行为链的概念合成。换言之,轻动词短语 give a N(v)结构在形式上是对实义动词 give 结构的仿拟,虽然没有仿拟到实义动词 give 结构的语义,但仍然受到 give 结构构式意义的影响并由此产生新的构式语义,这个过程和结果又体现在轻动词短语 give a N(v)结构行为链上。具体而言,实义动词 give 结构的行为链构成输入空间 1,动转名词 N(v)的原动词行为链构成输入空间 2,两者共同形成新创空间即轻动词短语 give a N(v)结构的行为链。以“Jimmy gave his brother a kick.”为例,见图 8.3:

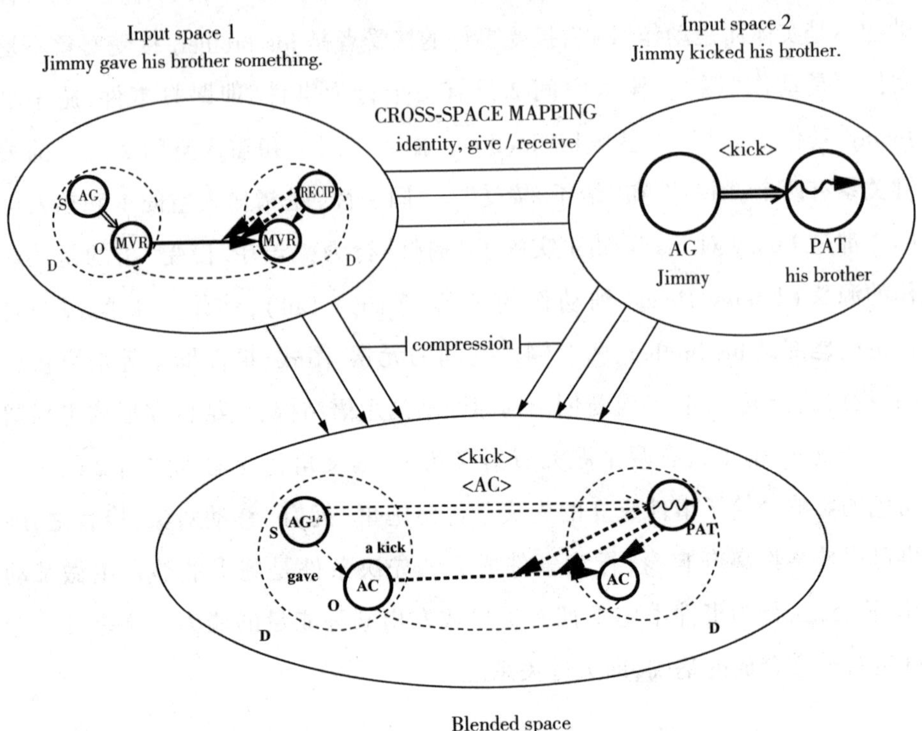

图 8.3 "Jimmy gave his brother a kick."行为链合成分析

从图 8.3 中可以清楚看到轻动词短语结构的形式来源、语义角色形成机制,以及合成后的概念语义与实义动词 give 结构的明显差异等信息。由语言编码形式倒推认知概念模型或者解释仿拟结构的语义生成机制,是个有效可行的方法,能够很好地揭示语言形式与概念化的互动。图 8.3 可以代表轻动词短语 give a $N(v)_{contact}$(接触类动转名词)的行为链合成模型,包含其他语义类型的动转名词的 give a N(v)的行为链合成也可以照此分析。

(1) give a $N(v)_{perception}$行为链合成

give a $N(v)_{perception}$包含感知类动转名词。从概念合成角度来看,这一结构由实义动词 give 空间和感知空间构成的两个输入空间压缩合成。具体见图 8.4:

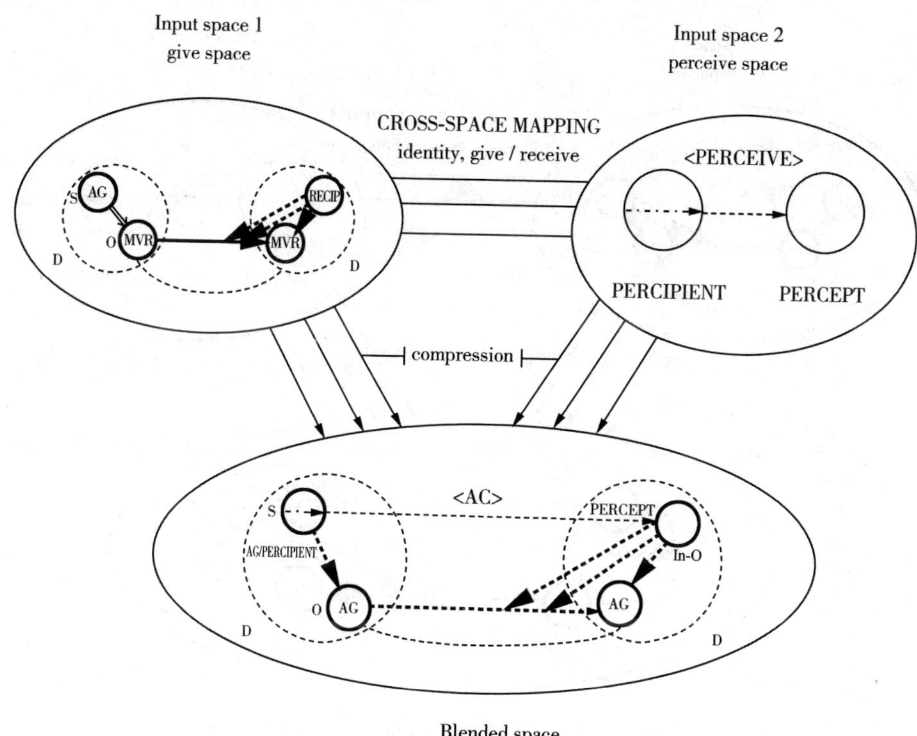

注：AC＝N(v)$_{perception}$。

图 8.4　give a N(v)$_{perception}$行为链合成

如图 8.4 所示，输入空间 1 是 give 空间，输入空间 2 是 perceive 空间，二者通过关键关系即同一性和给予/接受进行跨空间映射。同一性指的是参与角色交互的类似性，两个输入空间经过压缩构成新创空间(合成空间)。

(2)give a N(v)$_{talk}$行为链合成

give a N(v)$_{talk}$包含表示交谈和谈话的动转名词。从概念合成角度来看，这一结构由实义动词 give 空间和谈话空间构成的两个输入空间压缩合成。具体见图 8.5：

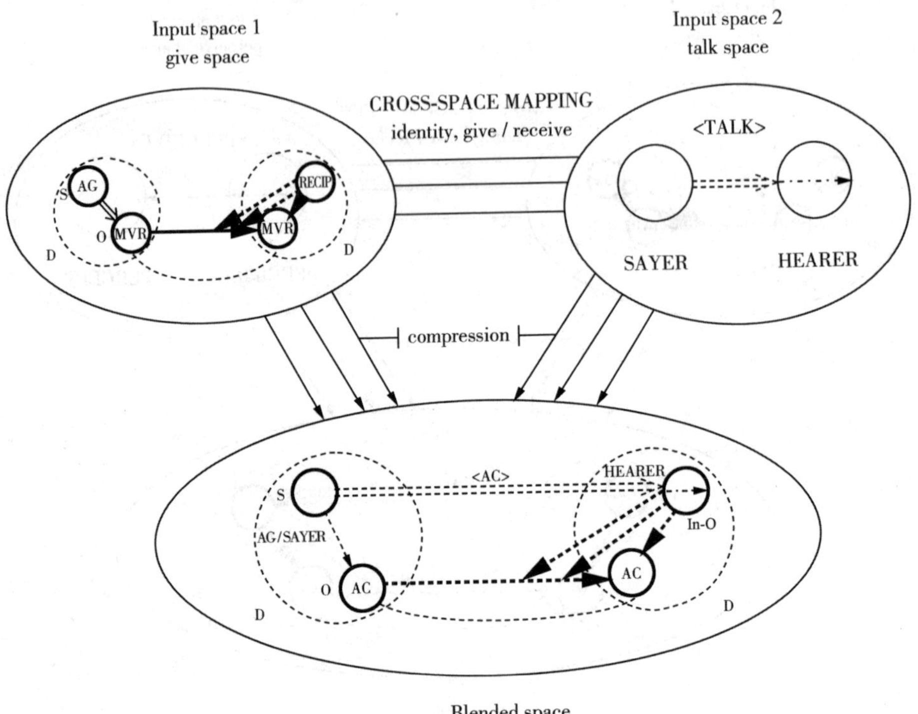

注：AC = $N(v)_{talk}$。

图 8.5　give a $N(v)_{talk}$ 行为链合成

如图 8.5 所示，输入空间 1 是 give 空间，输入空间 2 是 talk 空间，二者通过同一性和给予/接受进行跨空间映射，经过压缩构成新创空间（合成空间）。

(3) give a $N(v)_{affect}$ 行为链合成

give a $N(v)_{affect}$ 包含情感类动转名词。从概念合成角度来看，这一结构由实义动词 give 空间和情感空间构成的两个输入空间压缩合成。该结构由于可分为使动和非使动两类，有两个行为链合成模型。在事件的无标记语言编码中，小句中使动动词做谓语的特点是动词宾语是情感体验者，主语是这一情感体验的引发者（CAUSER），如图 8.6 所示，而非使动动词做谓语时的主语和宾语的语义角色分别是体验者和体验对象，如图 8.7 所示。

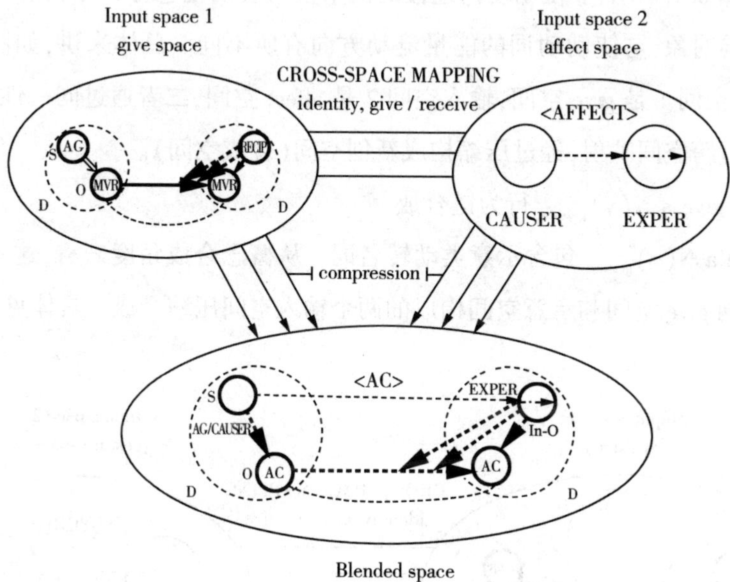

注：AC= N(v)$_{affect}$。

图 8.6　give a N(v)$_{affect}$ 行为链合成(1)，使动 N(v)

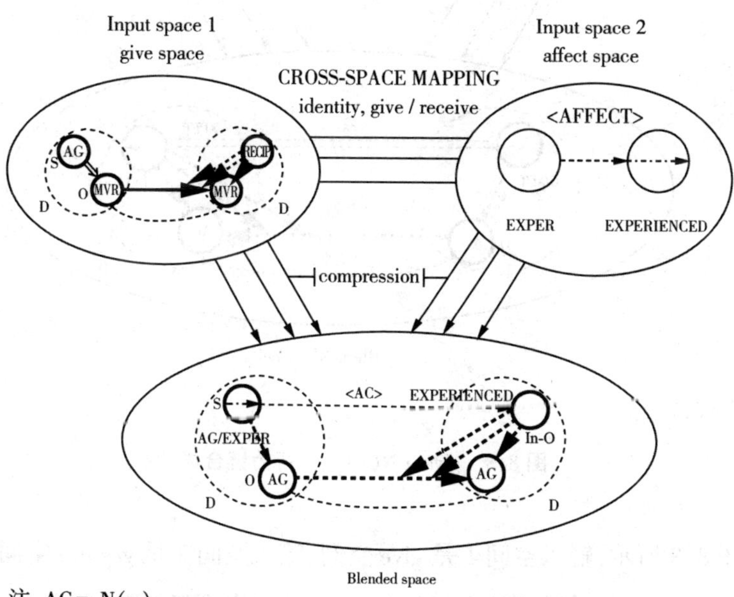

注：AC= N(v)$_{affect}$。

图 8.7　give a N(v)$_{affect}$ 行为链合成(2)，非使动 N(v)

如图 8.7 所示,非使动动词连接的两个参与者的角色分别是情感体验者和情感体验对象,与使动动词的能量流动方向有所不同。总体来讲,如图 8.7 所示,输入空间 1 是 give 空间,输入空间 2 是 affect 空间,二者通过同一性和给予/接受进行跨空间映射,经过压缩构成新创空间(合成空间)。

(4) give a $N(v)_{gesture}$ 行为链合成

give a $N(v)_{gesture}$ 包含示意类动转名词。从概念合成角度来看,这一结构由实义动词 give 空间和示意空间构成的两个输入空间压缩合成。具体见图 8.8:

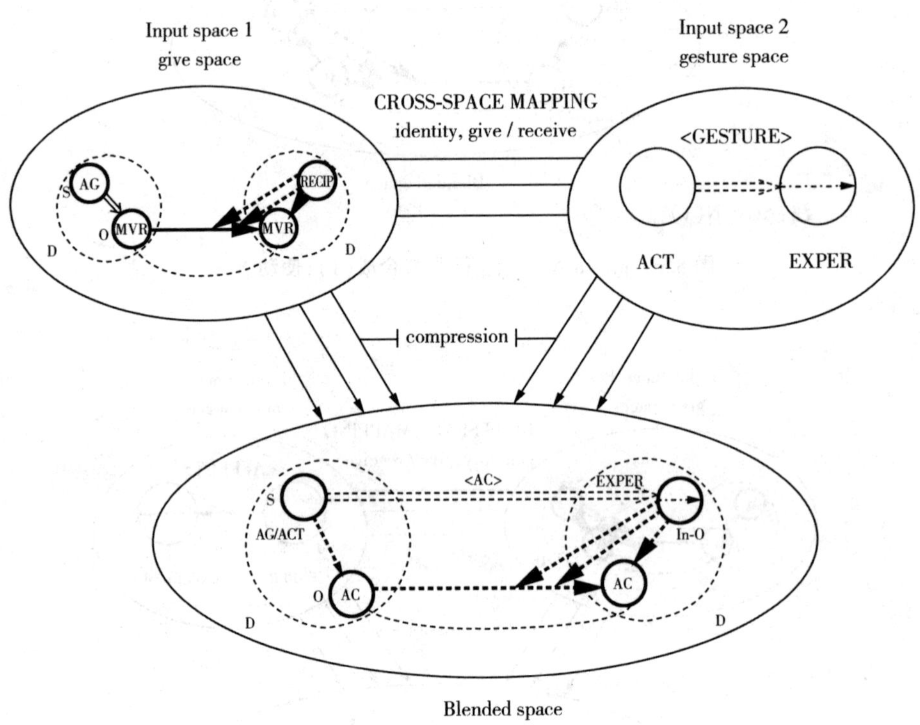

注:AC= $N(v)_{gesture}$。

图 8.8 give a $N(v)_{gesture}$ 行为链合成

如图 8.8 所示,输入空间 1 是 give 空间,输入空间 2 是 gesture 空间,二者通过同一性和给予/接受进行跨空间映射,经过压缩构成新创空间(合成空间)。

(5) give a N(v) $_{sound}$ 行为链合成

give a N(v) $_{sound}$ 包含发声类动转名词。发声类动词一般表情绪宣泄，即体现语言功能中的“情感(emotive)功能”。人们通过发声来宣泄情绪和表达情感，虽然在理论上是针对自身的行为，但在交际中倾向于使用这类语言形式来表达态度，因此发声类动词也具有交际性和互动性。不过，发声类动词一般为不及物动词，不直接召唤参与者做宾语，是说话人没有言传但参与者可以意会的互动方式。从概念合成角度来看，这一结构由实义动词 give 空间和发声空间构成的两个输入空间压缩合成。具体见图 8.9：

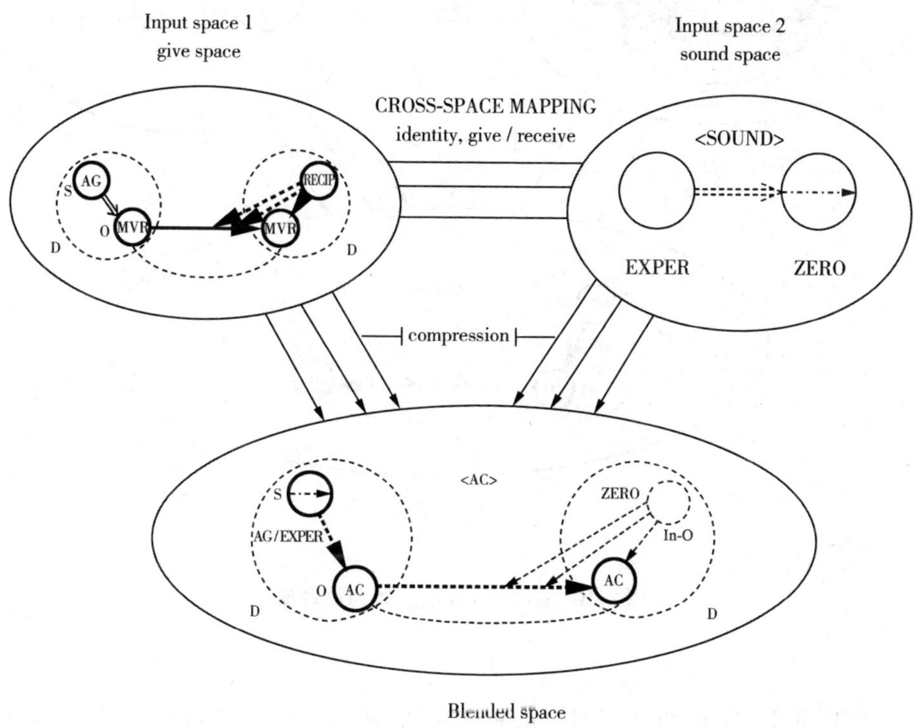

注：AC = N(v) $_{sound}$。

图 8.9　give a N(v) $_{sound}$ 行为链合成

如图 8.9 所示，输入空间 1 是 give 空间，输入空间 2 是 sound 空间，二者通过同一性和给予/接受进行跨空间映射，经过压缩构成新创空间(合成空间)。

(6) give a $N(v)_{motion}$行为链合成

give a $N(v)_{motion}$包含移动类动转名词。与发声类动词一样,移动类动词也多是不及物动词,动作指向移动者自身,对其他参与者没有能量影响。具体见图 8.10:

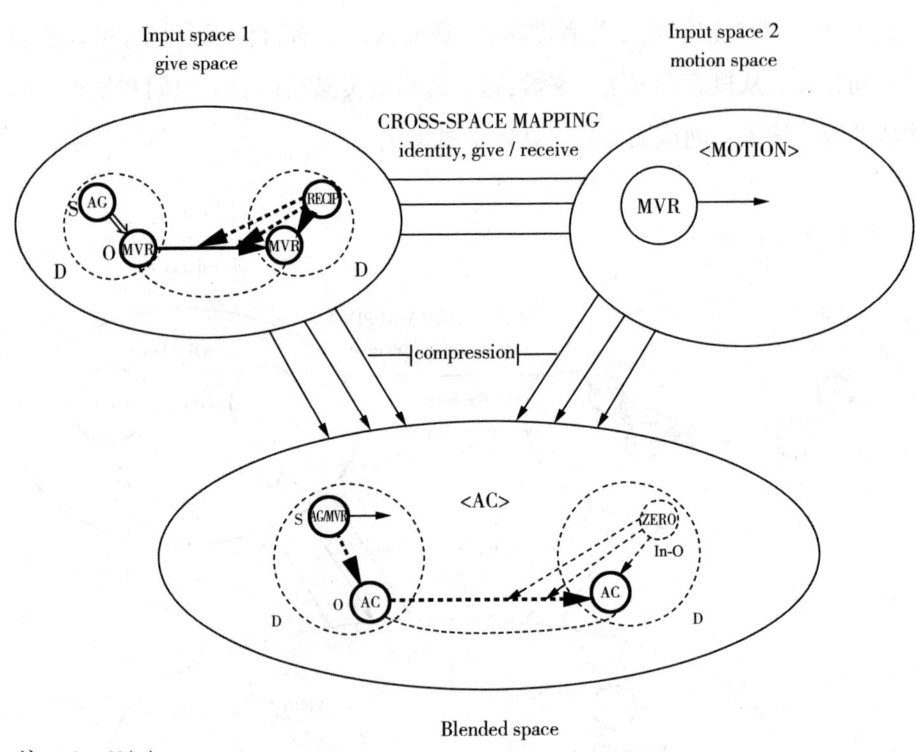

注:AC= $N(v)_{motion}$。

图 8.10　give a $N(v)_{motion}$行为链合成

如图 8.10 所示,输入空间 1 是 give 空间,输入空间 2 是 motion 空间,二者通过同一性和给予/接受进行跨空间映射,经过压缩构成新创空间(合成空间)。

(7) give a $N(v)_{contact}$行为链合成

give a $N(v)_{contact}$包含接触类动转名词。接触类动词是典型的"施事-受事"事件类型。从概念合成角度来看,这一结构由实义动词 give 空间和接触空间构成的两个输入空间压缩合成。具体见图 8.11：

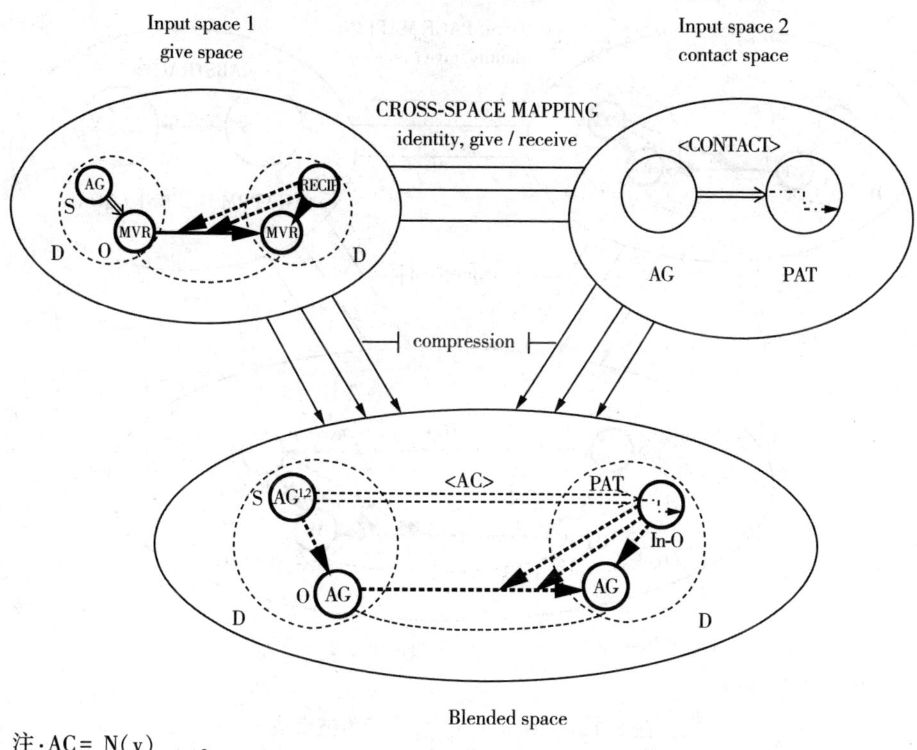

注：AC = $N(v)_{contact}$。

图 8.11　give a $N(v)_{contact}$ 行为链合成

如图 8.11 所示，输入空间 1 是 give 空间，输入空间 2 是 contact 空间，二者通过同一性和给予/接受进行跨空间映射，经过压缩构成新创空间（合成空间）。

（8）give a $N(v)_{abstract}$ 行为链合成

give a $N(v)_{abstract}$ 包含表抽象过程概念意义的动转名词。该类动词一般可以赋予题元“执行者-受益者/目标”语义角色。具体见图 8.12：

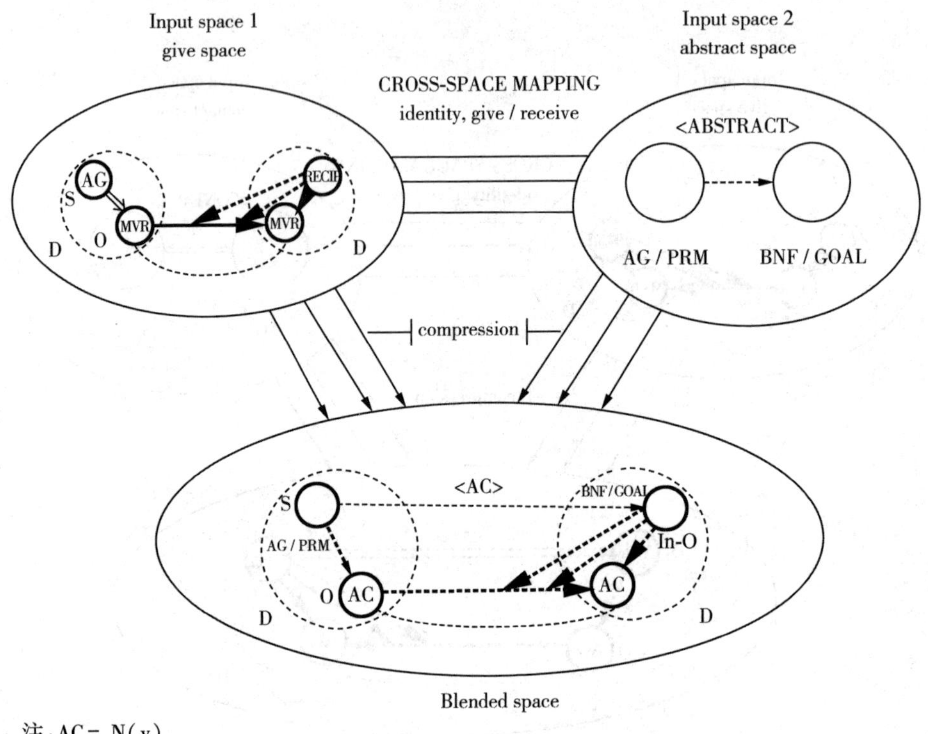

注：AC = $N(v)_{abstract}$。

图 8.12 give a $N(v)_{abstract}$ 行为链合成

如图 8.12 所示，输入空间 1 是 give 空间，输入空间 2 是 abstract（抽象过程概念）空间，二者通过同一性和给予/接受进行跨空间映射，经过压缩构成新创空间（合成空间）。

结语

通过以上分析，本书得出以下结论：

（1）轻动词短语 give a N(v) 结构在语言编码形式上是对 give 结构的仿拟，主要表现为两个结构在语法框架模式上的近似性。

（2）轻动词短语 give a N(v) 结构与实义动词 give 结构在语义上不对等，主要表现为参与者数量不对等（前者有两个参与者，后者有三个）和参与者角色不对等(前者包括施事、移动对象、接受者,后者由动转名词的动词语义决定)。

(3)轻动词短语 give a N(v)中的轻动词 give 派发的是虚拟语义角色,形式上是显性的,由语言形式和语法角色决定。真正的语义角色由动转名词派发,派发方式是动转名词投射交互过程连接参与者,由于名词不能派发语义角色,因此"派发的"是隐性的、逻辑性的语义角色。

(4)仿拟结构其实也是对事件模型的仿拟,即"非给予事件模型"仿拟"给予事件模型",因此,轻动词短语 give a N(v)结构的语义是"给予事件"和"非给予事件"的概念合成,或者是"给予事件"和"给予事件模型"的行为链合成。

需要指出的是:轻动词短语 give a N(v)结构在形式上凸显的成分和关系在行为链上也是凸显的,因此在合成图中用加粗表示;虚拟能量流动并非真实的能量传递,因此在合成图中用虚线表示;动转名词投射的过程关系虽然是真正的语义,但语法形式不凸显,因此在合成图中用虚线表示。轻动词短语 give a N(v)结构实际上只有两个或者在个别情况下只有一个实体参与者,移动对象由动转名词代替,因此从给予域到接受域的移动只是假想移动。虽然是假想移动,但是轻动词短语 give a N(v)结构对给予事件的仿拟需要同一性作为关键关系,因此要求能够进入 give a N(v)结构的动词的典型主语题元与 give 的典型主语题元具有同一性,换言之,能够进入 give a N(v)结构的动词的典型主语题元应该像实义动词 give 的典型主语题元一样,有能力自由支配该动作过程。

结　论

语言学研究,尤其是语法现象研究,很像刑事侦查。未破解的语法难题在形式和语义上明显存在因不匹配而出现的违和感,人们对这种"似是而非"或泰然接受,或心存疑虑。语言学研究者和刑侦工作者一样,抽丝剥茧,还原真实情况,给出合理解释。语言学研究甚至在方法上也和刑事侦查有异曲同工之处。在刑事侦查中,工作者们首先要调查和找出涉案人员,然后分析涉案人员之间的关系,以及他们在案件中的角色、所起的作用等,进而研究作案动机,这时要用到理论工具例如犯罪心理学等。本书首先在 BNC 中找到和总结进入轻动词短语结构成为名词的动词,然后使用相应的语言学理论分析搜集到的语料。本书主要使用认知语言学中的概念语义学理论。经过认真收集、仔细分析、合理推测,本书就进入轻动词短语结构中的动词的限制条件,以及轻动词短语的结构形式生成机制和概念语义生成机制,做出以下概述。

一、动转名词的限制条件

什么样的动词能够没有形式变化地直接进入轻动词短语 V_{light} a N(v)结构成为动转名词,在形式上做轻动词 V_{light} 的宾语而在逻辑上承担谓语成分的主要语义内容?轻动词短语 V_{light} a N(v)中的宾语位置可以看作是一个功能槽,进入该槽的词项彼此之间是可替换关系,换言之,进入成分在语法功能、形式,甚至广义语义范畴上,具有同质特征。本书分析发现,进入轻动词短语 V_{light} a N(v)结构的动词要经过轻动词语义遴选,并受到结构中限定语(不定冠词)的功能限制。

轻动词短语 V_{light} a N(v)中的轻动词失去了大部分语义内容(因而语义内容变少),在谓语成分中并不承担主要语义输出责任,但实际上并没有完全失去语义内容。换言之,轻动词虽然"轻"但是并不"空",对于宾语仍有语义选择,Chomsky 将其称为 s-selection。进入 X have Y 结构表示 X 对于 Y 具有"所有关系",那么进入 have a N(v)的动词一定表能够属于所有者的行为,即所有者能够做出的动作或行为。同理,X give Y Z 表示 X 向 Y 传递 Z,X 不再拥有 Z,Y 拥有 Z,那么进入 give a N(v)结构的动词一定是 X 可主导或可发出的动作,该动作可作用到 Y 上,即该动作是可移动、可传递的。如果是 X take a N(v) from Y,则移动方向与 give a N(v)相反。“可拥有”“可支配”“可获得”就是 have/give/take a N(v)结构中轻动词对进入结构的动转名词的语义限制。

从结构上来看,实义动词 have/give/take NP 不限制名词的数,单数名词、复数名词、不可数名词皆可进入,但轻动词短语在结构上比较固定,只能是“轻动词+不定冠词+动转名词”,其中轻动词与动转名词都有替换项,但不定冠词是固定的,这就导致在结构上或横向组合关系上对动转名词的语义做出了限制。根据不定冠词的要求,进入轻动词短语宾语槽的动转名词一定是可以代表某一整体概念(一般是行为)的示例,这一示例与该整体概念的其他示例是同质的。

二、结构形式生成机制

轻动词短语 V_{light} a N(v)结构是对实义动词结构($V_{lexical}$ a N)的仿拟,生成机制是结构模仿。轻动词原本是实义动词,占谓语动词位置,宾语语义类型排除实体(entity)等常见语义类型,严格限制在由动词零派生而来的动转名词语义类型内,轻动词和不定冠词对动转名词进行遴选和限制,使其在语义和功能上符合轻动词短语的需要。轻动词语义缺失,无法为内在题元和外在题元赋予语义角色,因此,轻动词对动转名词的语义遴选还涉及考察其指派语义角色的能力,只有那些有能力为无法被轻动词指派语义角色的参与者指派语义角色的动词,才能进入轻动词短语结构,以代替轻动词指派语义角色。当然,由于在形式上,动转名词所处的句法功能槽(动词宾语)无法指派语义角色,指派过程通过投射关系过程连接参与者完成。

三、概念语义生成机制

通过仿拟实义动词结构而生成的轻动词短语结构,在语义内容上与实义动词结构差别很大。在实义动词结构中,实义动词本身的语义内容构成谓语动词语义的全部内容;在轻动词短语结构中,轻动词占据谓语动词位置,却没有贡献谓语动词语义。出于补偿语义缺失以及语义角色指派的需求,一个有语义内容的动词进入该结构,然而该结构中已经没有谓语动词位置了,只有宾语位置,因此,只能采取动词原型转换成名词以占据宾语位置的方式。这是结构语义和功能补救的结果,最终得到"名不副实""表面一套,背后一套"的形式与语义内容不对应的语言表达结构。从语用学角度来看,轻动词短语可以表达的语义通常有更为简单的直接表达形式,例如"我昨天散步了"可以说成"I walked yesterday.",但人们通常采用更为复杂的表达形式"I had a walk yesterday.",这其中必然"另有隐情"。

轻动词短语结构与实义动词结构相仿但语义有差别,同时,进入轻动词短语结构的动词结构形式不同但是语义类似,这说明轻动词短语结构是实义动词结构语义与进入轻动词短语结构的动词结构概念整合的产物。结构形式的仿拟同时也是对事件模型的仿拟,give a N(v)结构行为链的分析结果很好地揭示了语义整合的过程和机制。需要指出的是,概念合成并不仅仅是 give a N(v)结构语义生成的机制,也是所有轻动词短语结构的语义合成机制。一个轻动词短语 V_{light} a N(v)的语义由两个输入空间合成:输入空间 1 V_{light} 的原实义动词结构和输入空间 2 N(v)的动词结构。两个空间具有某种同一性,动转名词是轻动词短语遴选出来的,能够代替轻动词给题元指派语义角色,两个空间经过压缩后合成新创空间,即轻动词短语 V_{light} a N(v)的形式和语义空间。

四、贡献与不足

认知语言学认为原型很重要,典型事件模型是研究更为复杂和边缘事件的基础模型。Langacker 在认知语法中提供了实义动词 give 行为链模型以及其他典型事件的行为链模型,但是没有给出轻动词短语结构的行为链模型,甚至没有对轻动词进行揭示。实际上,轻动词,由于失去大部分语义内容,已经很难称作内容动词的核心成员了。本书为非典型事件提供了结构形式生成机制和原理,同时为这种形式和语义不匹配的语言表达的语义生成机制和原理提供了理论概括和解释。本书的实证分析部分为轻动词短语结构中动转名词的语义类型提供了语料参考,对于英语语法教学,包括课堂教学和教学材料编写,有实际参考价值。本书的理论分析部分为同类研究提供了研究范式和理论假设参考,可服务于语言学研究和语言教学实践。

本书在语料收集方面没有做到穷尽性,BNC 中没有的例子在其他语料库中可能会有。另外,本书没有为调查不同语义类型动词进入轻动词短语结构的可接受性设计问卷。实际上,不同水平的学习者对于动转名词的接受度应该有所不同,这需要进一步的调查研究。轻动词短语结构在汉语中没有形式和功能皆对等的结构,在汉语译文中势必会失去英语原文的部分语用意义,那么,对于这一缺陷,是否应该补救、如何补救,也需要得到进一步的细致研究。

参考文献

[1] ALLERTON D. Stretched Verb Constructions in English [M]. London: Routledge, 2001.

[2] BIBER D, JOHANSSON S, LEECH G, et al. Longman Grammar of Spoken and Written English[M]. London: Longman, 1999.

[3] BLOOMFIELD L. Language[M]. London and Aylesbury: Compton Printing Ltd., 1933.

[4] BRINTON L J. Attitudes toward Increasing Segmentalization: Complex and Phrasal Verbs in English[J]. Journal of English Linguistics, 1996, 24(3): 186–205.

[5] BRINTON L J, TRAUGOTT E C. Lexicalization and Language Change[M]. Cambridge: Cambridge University Press, 2005.

[6] BRUGMAN C M. The Syntax and Semantics of "have" and its Complements [D]. Berkeley: University of California, 1988.

[7] CARNIE A. Syntax: A General Introduction [M]. 3rd ed. MA: Wiley-Blackwell, 2013.

[8] CHOMSKY N. Aspects of the Theory of Syntax [M]. Massachusetts: MIT Press, 1965.

[9] CHOMSKY N. Lectures on Government and Binding[M]. Dordrecht: Foris, 1981.

[10] COMRIE B. Aspect[M]. Cambridge: Cambridge University Press, 1976.

[11] COOK V, NEWSON M. Chomsky's Universal Grammar: An Introduction [M]. 2nd ed. Malden: Blackwell Publishing, 1996.

[12] CROFT W. Syntactic Categories and Grammatical Relations: The Cognitive Organization of Information[M]. Chicago and London: University of Chicago Press, 1991.

[13] CROFT W. Cognitive Linguistics [M]. Cambridge: Cambridge University Press, 2004.

[14] CRYSTAL D. A Dictionary of Linguistics and Phonetics [M]. 6th ed. Malden: Blackwell Publishing, 2008.

[15] DIRVEN R, GOOSSENSL, PUTSEYS Y, et al. The Scene of Linguistic Action and Its Perspectivization by SPEAK, TALK, SAY and TELL[M].

Amsterdam/Philadelphia: John Benjamins Publishing Company, 1982.

[16] DIXON R M W. A Semantic Approach to English Grammar[M]. 2nd ed. Oxford: Oxford University Press, 2005.

[17] EVANS V, GREEN M. Cognitive Linguistics: An Introduction [M]. Edinburgh: Edinburgh University Press, 2006.

[18] FAUCONNIER G. Mental Spaces: Aspects of Meaning Construction in Natural Language[M]. Cambridge: The MIT Press, 1985.

[19] FAUCONNIER G, TURNER M. The Way We Think: Conceptual Blending and the Mind's Hidden Complexities[M] . New York: Basic Books, 2002.

[20] FILLMORE C J. The Case for Case [M]//BACH E, HARMS R T. Universals in Linguistic Theory. New York: Holt, Rinehart and Winston, 1968: 1-88.

[21] FIRBAS J. Functional Sentence Perspective in Written and Spoken Communication[M]. 北京:世界图书出版公司北京公司,2007.

[22] GOLDBERG A E. Constructions: A Construction Grammar Approach to Argument Structure[M]. Chicago: University of Chicago Press, 1995.

[23] GRIMSHAW J, MESTER A. Light Verbs and θ-Marking [J]. Linguistic Inquiry, 1988,19(2): 205-232.

[24] GRUBER J S. Studies in Lexical Relations [D]. Cambridge, MA: MIT Press, 1965.

[25] HALLIDAY M A K. An Introduction to Functional Grammar[M]. London: Arnold, 1985.

[26] HALLIDAY M A K. An Introduction to Functional Grammar[M]. 2nd ed. London: A Hodder Arnold Publication, 1994.

[27] HUDDLESTON R, PULLUM G K. The Cambridge Grammar of the English Language[M]. Cambridge: Cambridge University Press, 2002.

[28] JACKENDOFF R. Semantics and Cognition [M]. Cambridge: The MIT Press, 1985.

[29] JESPERSEN O. The Philosophy of Grammar [M]. London: Routledge, 1924.

[30] JESPERSEN O. Essentials of English Grammar[M]. London: George Allen

& Unwin Ltd, 1933.

[31] JESPERSEN O. A Modern English Grammar on Historical Principles: Part Ⅵ Morphology[M]. Copenhagen: Einar Munksgaard, 1942.

[32] KEARNS K. Light Verbs in English [J/OL]. http://www.ling.canterbury.ac.nz/kate/lightverbs.pdf, 1988.

[33] LAKOFF G, JOHNSON M. Metaphors We Live by [M]. Chicago: The University of Chicago University Press, 1980.

[34] LANGACKER R W. Remarks on English Aspect [M]//HOPPER P J. Tense-Aspect Between Semantics and Pragmatics. Amsterdam: John Benjamins Publishing Company, 1982.

[35] LANGACKER R W. Foundations of Cognitive Grammar. Volume I. Theoretical Prerequisites[M]. Stanford: Stanford University Press, 1987a.

[36] LANGACKER R W. Nouns and Verbs [J]. Language, 1987b, 63 (1): 53-94.

[37] LANGACKER R W. Settings, Participants, and Grammatical Relations [M]//Meanings and Prototypes Studies in Linguistic Categorization. London: Routledge, 1990: 213-239.

[38] LANGACKER R W. Foundations of Cognitive Grammar. Volume Ⅱ. Descriptive Application[M]. Stanford: Stanford University Press, 1991a.

[39] LANGACKER R W. Concept, Image, and Symbol: The Cognitive Basis of Grammar[M]. Berlin: Mouton de Gruyter, 1991b.

[40] LANGACKER R W. Grammar and Conceptualization[M]. Berlin: Mouton de Gruyter, 1999.

[41] LANGACKER R W. Cognitive Grammar: A Basic Introduction[M]. Oxford: Oxford University Press, 2008.

[42] LEECH G, HUNDT M, MAIR C, et al. Change in Contemporary English: A Grammatical Study[M]. Cambridge: Cambridge University Press, 2009.

[43] LIVE H A. The Take-Have Phrasal in English[J]. Linguistics, 1973, 11 (95): 31-50.

[44] MAOUENE J, LAAKSO A, SMITH L B. Object Associations of Early-learned Light and Heavy English Verbs[J]. First Language, 2011, 31(1): 10.

[45] NEWMAN J. Give: A Cognitive Linguistic Study[M]. Berlin: Mouton de Gruyter, 1996.

[46] NICKEL G. Complex Verbal Structures in English[J]. International Review of Applied Linguistics in Language Teaching, 1968,6(1): 1-21.

[47] PLANTE S. Types of Nominalized Verbs in Light Verb Constructions[J]. McGill Working Papers in Linguistics, 2014, 24(1): 81-91.

[48] POUTSMA H. A Grammar of Late Modern English[M]. Groningen: Noordhoff, 1926.

[49] PRINCE E. English Aspectual Constructions[D]. Philadelphia: University of Pennsylvania, 1974.

[50] QUIRK R, GREENBAUM S, LEECH G, et al. A Comprehensive Grammar of the English Language[M]. London and New York: Longman Group Limited, 1985.

[51] RICHARDS J C, PLATT J, PLATT H. Longman Dictionary of Language Teaching and Applied Linguistics[M]. 2nd ed. Harlow: Longman, 1992.

[52] SINCLAIR J. Corpus Concordance Collocation[M]. Oxford: Oxford University Press, 1991.

[53] SMITH C C. The Parameter of Aspect[M]. Dordrecht: Kluwer Academic Publishers, 1997.

[54] STEIN G. The Phrasal Verb Type "TO HAVE A LOOK" in Modern English[J]. International Review of Applied Linguistics in Language Teaching, 1991, 29(1): 1.

[55] STUBBS M. Words and Phrases: Corpus Studies of Lexical Semantics[M]. Oxford: Blackwell Publishing, 2001.

[56] TALMY L. Force Dynamics in Language and Cognition[J]. Cognitive Science, 1988, 12(1):49-100.

[57] TALMY L. Toward a Cognitive Semantics. Volume I, Concept Structuring Systems[M]. Cambridge: MIT Press, 2020.

[58] TAYLOR J R. Cognitive Grammar[M]. Oxford: Oxford University Press, 2002.

[59] TESNIÈRE L. Éléments de Syntaxe Structurale[M]. 2nd ed. Paris:

Klinckieck, 1976.

[60] UNGERER F, SCHMID H-J. An Introduction to Cognitive Linguistics[M]. Harlow: Pearson Education Limited, 1996.

[61] VENDLER Z. Linguistics in Philosophy[M]. Ithaca and London: Cornell University Press, 1967.

[62] WIERZBICKA A. Why Can You Have a Drink When You Can't * Have an Eat? [J]. Language, 1982, 58(4): 753-799.

[63] WIERZBICKA A. The Semantics of Grammar[M]. Amsterdam: John Benjamins Publishing Company, 1988.

[64] WITTGENSTEIN L. Philosophical Investigations[M]. ANSCOMBE G E, trans. Oxford: Basil Blackwell, 1953.

[65] 曹笃鑫,向明友,李潇辰. 英语轻动词构式与同源宾语构式的对比研究[J]. 语言学研究,2018(2):108-122.

[66] 陈嘉映. 语言哲学[M]. 北京:北京大学出版社,2003.

[67] 戴炜华. 新编英汉语言学词典[M]. 上海:上海外语教育出版社,2007.

[68] 邓耀臣,肖德法. 中国大学生英语虚化动词搭配型式研究[J]. 外语与外语教学,2005(7):7-10.

[69] 丁一. 英语乏词义动词结构的体特征及其认知基础[J]. 外国语文, 2013(1):71-74.

[70] 弗里德里希·温格瑞尔,汉斯-尤格·施密特. 认知语言学导论. 第二版[M]. 彭利贞,许国萍,赵微,译. 上海:复旦大学出版社,2009.

[71] 韩巍峰,梅德明. 轻动词结构的主题化分析[J]. 外语研究,2011(5):34-42.

[72] 胡壮麟, 朱永生, 张德禄. 系统功能语法概论[M]. 长沙:湖南教育出版社,1989.

[73] 胡壮麟. 语法隐喻[J]. 外语教学与研究,1996(4):1-7,80.

[74] 胡壮麟,姜望琪. 语言学高级教程[M]. 北京:北京大学出版社,2002.

[75] 胡壮麟,朱永生,张德禄,等. 系统功能语言学概论[M]. 北京:北京大学出版社,2005.

[76] 黄和斌. 英语语法多面观[M]. 南京:东南大学出版社,2003.

[77] 黄立鹤. 英语 have 与汉语“有”之对比——聚焦语用法的语法化[J]. 语

言学研究,2013(2):140-151.
[78] 霍凯特. 现代语言学教程[M]. 索振羽,叶蜚声,译. 北京:北京大学出版社,2002.
[79] 兰艾克. 认知语法导论:上卷[M]. 黄蓓,译. 北京:商务印书馆,2016.
[80] 兰艾克. 认知语法导论:下卷[M]. 黄蓓,译. 北京:商务印书馆,2016.
[81] 兰盖克(Langacker, R. W.). 认知语法基础(Ⅰ)·理论前提[M]. 影印本. 北京:北京大学出版社,2004a.
[82] 兰盖克(Langacker, R. W.). 认知语法基础(Ⅱ)·描写应用[M]. 影印本. 北京:北京大学出版社,2004b.
[83] 李福印. 认知语言学概论[M]. 北京:北京大学出版社,2008.
[84] 李娇枝. 动力意象图式下的轻动词语义研究[D]. 南京:南京师范大学,2013.
[85] 林正军. 英语感知动词词义衍化的认知研究[J]. 外语教学,2011(6):11-15.
[86] 刘国辉, 汪兴富. 名化、级差转移、原型范畴及名化研究框架体系的思考[J]. 外国语,2005(4):37-43.
[87] 路崴崴. "V一下"结构研究[D]. 长春:吉林大学,2013.
[88] 马泰修斯. 普通语言学基础上的当代英语功能分析[M]. 北京:世界图书出版公司北京公司,2008.
[89] 彭聃龄,张必隐. 认知心理学[M]. 杭州:浙江教育出版社,2004.
[90] 钱军. 句式意义——句法与语义关系的若干理论问题[J]. 外语研究,2004(2):5-10,80.
[91] 仇伟. 乏词义结构的认知及功能研究[J]. 外国语言文学,2006,23(1):1-5,72.
[92] 仇伟. 英语乏词义结构的认知研究[D]. 开封:河南大学,2011.
[93] 仇伟. 英语乏词义结构的系统功能语法研究[J]. 外语研究, 2014a(1):21-24,50.
[94] 仇伟. 英语乏词义结构的语义概念化研究[J]. 山东外语教学,2014b,35(6):40-44.
[95] 仇伟. 以构式功能为基础的英汉乏词义结构对比研究[J]. 外语教学,2015,36(2):13-16.

[96] 邵新光，张法科. 英语乏词义结构的认知功能特征[J]. 山东外语教学，2010,31(1):21-25.

[97] 沈家煊,张姜知. 也谈形式动词的功能[J]. 华文教学与研究,2013(2):8-17,23.

[98] 沈家煊. 名词和动词[M]. 北京:商务印书馆,2016.

[99] 束定芳. 认知语义学[M]. 上海:上海外语教育出版社, 2008.

[100]司显柱. 基于语料库的英语动转名词研究[J]. 山东外语教学,2012,33(1):33-39,58.

[101]塔尔米(Talmy, L.). 认知语义学. 第1卷,概念结构系统[M]. 北京:外语教学与研究出版社,2012.

[102]汪榕培,卢晓娟.《英语词汇学教程》教学参考用书[M]. 上海:上海外语教育出版社,1998.

[103]王逢鑫. 英汉意念分类词典[M]. 北京:北京大学出版社,1991.

[104]王逢鑫. 英语意念语法[M]. 修订版. 北京:外文出版社, 1999.

[105]王俊红，仇伟. 英汉虚义动词结构的功能对比[J]. 山东理工大学学报，2018,34(4):78-82.

[106]王义娜,李亚培. 由意象与识解看认知语法的理论框架[J]. 北京第二外国语学院学报,2008(6):20-25.

[107]王寅. 认知语言学[M]. 上海:上海外语教育出版社,2007.

[108]王寅. 构式语法研究[M]. 上海:上海外语教育出版社,2011.

[109]席建国,王文斌. Have a N_{Dev} 结构之语法转喻及构式化特征考察[J]. 外语研究,2016,33(1):18-23.

[110]向明友. 英语动词的迂回表达[J]. 外国语, 1995(6):54-58.

[111]许孟庚. 英语中的“虚动词+行为宾语”结构[J]. 河南大学学报, 1992(5):86-87.

[112]曾天娇，贾冠杰. 英语轻动词与动转名词搭配特征研究——基于“词汇体”分布的实证研究[J]. 外国语,2017,40(6):20-28.

[113]张爱朴. 英语虚化动词结构研究——以 Give+Vn、Have+Vn、Take+Vn 为例[D]. 上海:上海外国语大学,2012.

[114]张道真. 张道真英语语法大全:全2册[M]. 北京:世界图书出版有限公司北京分公司,2018.

[115]张法科，邵新光. 英语乏词义结构的认知功能研究[J]. 济南大学学报，2010 (3):22-25.
[116]张金泉. 英语词汇变异的多视角研究[M]. 武汉:华中科技大学出版社,2015.
[117]张坤. GIVE 轻动词结构分析[J]. 哈尔滨学院学报,2021a,42(5):98-103.
[118]张坤. 行为链理论视角下 give a N(v)中动转名的准入条件研究[D]. 哈尔滨:黑龙江大学,2021b.
[119]张丽娇. 试论 Tesnière 语法的基础理论[J]. 外语学刊,2012(5):74-80.
[120]张丽娇. 英语轻动词结构研究[J]. 哈尔滨学院学报,2021,42(10):107-111.
[121]张丽娇. 轻动词短语 GIVE A N(V)形成机制及认知原理分析[J]. 外语学刊, 2023,(6) :67-73.
[122]张悦琪. 基于"侧面-基体"理论的英语"动转名"现象研究——以"have a N(v)"为例[J]. 哈尔滨学院学报,2019,40(9):103-108.
[123]张悦琪. "侧面—基体"视角下"have a N(v)"中动转名的转化限制条件研究[D]. 哈尔滨:黑龙江大学,2020.
[124]张韵斐. 现代英语词汇学概论[M]. 北京:北京师范大学出版社,1986.
[125]章振邦. 新编英语语法[M]. 上海:上海译文出版社,1989.
[126]朱德熙. 语法讲义[M]. 北京:商务印书馆,1982.
[127]朱德熙. 现代书面汉语里的虚化动词和名动词[J]. 北京大学学报(哲学社会科学版), 1985(5):1-7.
[128]朱永生. 名词化、动词化与语法隐喻[J]. 语言文字学,2006(7):22-30.
[129]邹智勇，程晓龙. 英语乏词义结构的认知解读[J]. 贵州大学学报(社会科学版),2015,33(1):159-164.